배민
다움

배민다움

배달의민족
브랜딩 이야기

북스톤

제가 미국에서 교수 생활을 하다 귀국한 때가 1990년. 당시에는 기업 강의에서 마케팅 도구로 4P가 있다는 말만 해도 매우 신선한 정보인 양 받아 적곤 했습니다. 지금은 지식수준이 높아져서 그런 기본을 언급한다는 건 어림없는 얘기입니다.

2000년대 들어서니 〈비즈니스 위크〉나 〈포춘〉과 같은 경제지를 먼저 읽고, 그 잡지에 나온 사례를 곁들이면 경영자들이 귀를 기울였습니다. 그러나 2010년경이 되자 웬만한 기사는 하루 이틀 후면 인터넷을 통해 우리말로 다 전해지는 세상이 왔습니다.

저술도 마찬가지입니다. 20세기에는 성공한 기업의 요소를 찾아 정리해 2~3년 후에 책을 내도 그 시사점이 여전히 유효했습니다. 유일한, 이병철, 정주영 회장 등의 신화는 시간의 흐름과 관계없이 경영의 교과서가 되었습니다. 그러나 21세기에 들어서자 성공한 경영자 이야기를 쓴 원고의 잉크가 마르기도 전에 실패한 경영자가 되는 경우가 부지기수였습니다.

오늘날에는 기업의 경영능력이 발전하고 경영자들의 경영지식이 늘어서, 상아탑 안의 교수가 사례를 정리하고 성패요소를 찾아 책으로 만들면 이미 뒷북치기 십상입니다. 글로벌 경쟁시대에 살아남기 위해 기업인들이 눈을 번뜩이며 미래 먹거리를 찾기에 바쁜 작금의 상황에서, 학문으로서의 경영학은 자칫 뒤처질 수밖에 없습니다.

경영자들의 연령 또한 점차 젊어져서 요즘 뜨는 인터넷 기업은 물론, 새로운 음식점 체인, 패션 사업 등은 젊은 경영자들이 독차지하다시피 합니다. 그리고 그들이 하기도 참 잘합니다. 젊은 사람들이 언제 경영의 경험을 쌓았다고 사업을 저리 잘하나, 그들이 무슨 생각을 하며 사업을 하고 있나 그 얘기들이 궁금하여, 젊은 경영자들을 많이도 좇아다녔습니다.

그러던 차에 '배달의민족(일명, 배민)'의 창업가인 김봉진 대표를 만났고, 그에게서 창업의 생생한 즐거움과 고충, 그 해결과정 그리고 성과 등에 대해 듣게 되었습니다. 김봉진 대표가 꽤 생각이 깊은 터라, 그의 이야기를 차분히 듣고 정리하여 경영학 교육의 자료로 삼으면 좋을 것 같아 심도 있는 인터뷰를 제안했더니 흔쾌히 협조해 주었습니다.

세 차례의 종일 인터뷰와 석 달간의 자료정리를 통해 창업에서 지금까지의 이야기를 있는 그대로의 대화로 엮어 보았습니다. 우문현답이라고 했던가, 빤하거나 확인차 하는 질문에도 김봉진 대표는 기발한 경영의 지혜로 답해주었고, 자존심 상하게 할 만큼 곤란한 질문에도 진솔하게 대답해 주었습니다. 재미난 광고 등, 결과물에 대한 질문도 있었으나 결과물 자체보다는 그것을 낳게 된 과정에 대해 주로 물었습니다. 어떤 답은 감추어야 할 비법 같았으나 망설임 없이 명료하게 밝혀 주었습니다. 하여, 읽는 사람으로 하여금 그의 목소리가 들리는 느낌이 들도록, 되도록 그의 말투 그대로 옮기면서, 중간중간에 설명을 곁들이는 식으로 엮어 보았습니다.

이 책은 김봉진 대표가 지금까지 회사를 키워오면서 스스로 했을 질문에 따라 3부로 구성돼 있습니다. 1부에서는 평범한 젊은이가 궁핍한 삶의 어려움과 사업실패의 좌절을 딛고, 무슨 생각을 하며 어떻게 배민을 창업하게 되었는지 소상하게 얘기했습니다.

2부에서는 전형적인 외부 브랜딩(external branding)에 대해 묻고 답했습니다. 이 회사가 여태 한 것을 보면 교과서적으로 빠짐없이 잘했습니다. 제가 쓴 책 《모든 비즈니스는 브랜딩이다》에 나오는 7C-7E라는 체크리스트에 대한 답을 다 할 수 있는 회사는 드문데, 배민은 거의 모든 체크리스트를 만족시킵니다.

3부에서는 흔히 간과하기 쉽지만, 경영의 성패가 좌지우지되는 내부 브랜딩(internal branding)에 대해 대화를 나누었습니다. 내부 구성원들에게 업의 개념을 체화시키고 그들을 만족시켜 팬으로 만들어 외부에 알려지게 하고, 스스로 더욱더 좋은 서비스를 만들도록 하는 과정에 대한 얘기입니다.

수많은 스타트업이 성공적으로 시작(launch)하였으나 오래가지 못하는 것은 '자기다움'을 제대로 만들지 못했기 때문이라고 생각합니다. 배민이 '배민다움'을 만들어 가는 과정을 이 책에 3단계로 상세히 서술하여 보았습니다.

김봉진 대표의 말을 꾸밈없이 그대로 전하려 했다고는 하지만, 잘못 이해하여 잘못 전하는 말들도 있을 것입니다. 답을 한 것은 김봉진 대표가 맞지만, 내용을 정리하고 편집한 것은 저자이기에 이 책에 나온 내용에 대한 책임은 전적으로 저에게 있습니다. 혹여 오해를 불러일으키는 말이 있다 해도 전적으로 저자의 책임임을 밝힙니다.

기업에서 자문요청을 할 때, 제가 가장 먼저 묻는 질문은 언제나 이것입니다. "이렇게 화장품(예를 들어) 회사가 많은데, '왜' 새로운 화장품을 만들어야만 한다고 생각하십니까?" 그 기업이 사회에 존재해야 하는 이유, 즉 사명(mission)을 묻는 질문입니다. 저 스스로도 책을 쓰며 묻습니다. "벤처나 스타트업에 대한 책이 이렇게 많은데 '왜' 새로운 책을 쓰려 하는가?"

우주의 생성과 종말을 이해하기 위해 허블 망원경이 초신성을 찾아 헤매듯, 초신성 기업인 '배달의민족'의 탄생과 성장을 들여다보고, 분석하고, 김 대표에게 캐물으면서 경영학자인 저 자신도 현대 경영에 대한 생각이 정리되고 배운 점이 무척 많았습니다. 그래서 그 느끼고 배운 것을 벤처의 꿈을 키우는 사람들이나 기존 중소대기업에 계신 분들과 나누고 싶어졌습니다. 여러분도 새로운 관점과 시각과 영감을 얻기 바랍니다. 보다 깊이 있는 공부를 원하는 독자들을 위해 중간 중간에, 함께 읽어보면 좋은 책들도 소개했습니다.

봄 학기에 시작한 작업인데 가을 학기가 되어서야 마무리합니다. 바쁜 와중에 인터뷰를 위해 긴 시간을 할애해준 김봉진 대표에게 감사드립니다. 배민의 커뮤니케이션을 담당하는 장인성 이사는 핵심적이며 센스 있는 코멘트를 듬뿍 주어 원고에 생기를 불어넣어 주었습니다. 인터뷰 형식이 책으로는 까다로운 면이 많은데도 선뜻 출판에 응해준 북스톤에도 심심한 감사의 마음을 전합니다.

올여름이 유난히 무더워서였나, 가을바람이 더욱 시원합니다. 독자 여러분의 사업이 결실을 맺는 데, 제가 전하는 김봉진 대표의 이야기가 조금이라도 도움이 되길 기원하며 펜을 놓겠습니다.

2016년 가을
저자

살아남는 기업들의 유일한 공통점은
'자기다움'을 만들고 지켜간다는 것이다.

1부

스타트업 :
작고 명확하게 시작한다

1 장

업의 개념

무엇 하는 회사를
만들 것인가

"모든 일은 정의를 내리는 데서 출발합니다."

어느 업종에서
시작할까?

김봉진 대표를 만나기 위해 석촌호수 바로 앞 배민 건물에 들어섰다. 모험과 신비의 나라 롯데월드가 이 회사를 위해 지어진 것마냥 호수 위에 떠 있었다. 멀리 놀이시설을 즐기는 흥분된 괴성도 들리는 것 같았다.

대표를 만나러 올라가는 길에 사무실을 기웃거렸는데, 복도며 업무 공간 벽에 예의 그 촌스러운 글씨들이 눈에 들어왔다. "배고프니까 청춘이다", "이번 고비가 지나면 다음 고비가 온다", "평생직장은 없다. 최고가 되어 떠나라"와 같은 지금 젊은 세대의 마음을 대변하는 듯한, 핵심을 찌르는 카피의 포스터들을 지나 회의실로 안내를 받았다.

회의실은 마치 학교 운동장 옆에 친구들과 앉아서 노닥거리던 스탠드 같은 분위기였다. 벽에는 아주 큰 글씨로 '헐'이라고 적혀 있었다.

헐, 이게 뭡니까? 회사 밖에서 배민의 광고나 포스터로 홍보하는 건 당연한 일이지만 회사 안에도 포스터를 여기저기 붙였네요? 그것도 아주 못생긴 글씨로요?

(하하 웃으며) 네, 내부 브랜딩을 위한 디자인 훈련인 셈입니다.

내부 브랜딩이라…! 요즘 마케팅 화두인 Internal Branding을 말하는 건가요? 김 대표님이 생각하는 내부 브랜딩은 뭐죠? 뭐라고 정의하면 좋을까요?

내부 고객인 직원들에게 브랜드의 의미를 내재화하는 것이라고 생각합니다. 다시 말하면 제품이나 서비스를 만드는 사람들이 브랜드를 더 사랑하게 만듦으로써 좀 더 마음을 담아 더 좋은 제품이나 서비스를 만들도록 하는 것이겠죠. 말로만 브랜드 의미나 컨셉을 얘기하는 데 그치는 것이 아니라 그런 것을 가시적으로 보여주는 디자인의 역할도 중요하고요.

그러네요. 회의실 인테리어나 벽에 붙인 포스터들을 통해서도 배민의 느낌이 와요. 김봉진 대표님은 언제부터 디자인에 관심을 갖게 됐어요?

아주 어렸을 때부터 그냥 그림 그리는 게 좋았어요. 디자인이라는 개념이 없던 시절이었으니 처음에는 순수 미술을 하고 싶었어요. 하지만 집에 형제들이 많아요. 4형제 중 막내이다 보니 미술학원을 제대로 다닐 수 있는 형편이 아니었죠. 그래서 일종의 반항심에 공고를 갔습니다.

공부에 썩 흥미는 없었고요?

그다지 재미를 못 느꼈죠. 학교에 안 가고 가출하고 막 그러니까, 고3 때 부모님이 '이러다가 애가 진짜 망가지겠다. 안 되겠어. 올해만 학원비를 내줄 테니 원하는 학교에 가보렴' 그래서 공부를 시작했어요.

그렇지만, 저는 화실도 갈 수 없는 상황이었어요. 화실에서는 내신과 수능점수를 보고 대학교에 갈 수 있는지 없는지를 판단해서 학생을 키우잖아요. 저는 조건이 안 됐죠. 내신 15등급 중 14등급에다 수능 모의고사를 본 적이 없으니까요. 화실에서 '너는 안 된다'고 해서 부랴부랴 대학로에 있는 나래디자인이라는 학원에 갔어요. 부모님이 재수는 안 된다고 하시고 1년 안에 무조건 하려니까 어린 마음에 다른 방법을 택한 거죠. 남들이 대학교에서 4년 배울 동안 나는 빨리 실무를 배워서 다른 애들하고 실력으로 붙어야겠다 하고서 디자인학원에 실기를 배우러 들어갔어요.

학원을 들어갔더니 다들 재수생, 삼수생들이에요. 대학교 떨어진 형, 누나들이 있고, 고등학생은 저밖에 없었어요. 하여간 처음으로 재미있게 공부를 했어요. 그런데 선생님은 제가 되게 안쓰러웠나 봐요. 고등학생이 이걸 배우고서 바로 취업하려 한다니까 대학에 가는 게 어떻겠느냐고 하시더라고요. "아니, 저도 가고 싶어 화실에 갔는데 대학에 갈 수가 없다고 하던데요." 그랬더니 다른 입시전문 선생님 친구를 소개해 주셨어요.

그래서 늦가을에 거기에서 정밀묘사랑 제도를 배우기 시작했어요. 완전 속성으로 3~4개월 코스를 배워서 서울예전에 겨우 들어갈 수 있었죠. 그 당시 TV 다큐멘터리 방송에 나온 이케아를 보고, 가구 디자인을 해보고 싶어서 실내디자인 전공을 선택했어요.

학교에는 정말 재미있게 다녔어요. 실내공간에서 사람들이 어떻게 감정을 교류하는지, 공간이 사람들에게 어떤 영향을 미치는지 등에 대해 공부했죠. 그게 나중에 회사 만들 때, 회의실 디자인하거나 하는 작업에 많은 도움이 되었어요. 또 사람들이 공간에서 어떻게 사고하는지를 공부한 것도 나중에 앱에서 사용자 체험, 그러니까 UX(User Experience)를 생각할 때 도움이 많이 되었어요.

학교를 졸업하고 군대에 갔다고요. 군대에서는 어떤 일을 했나요?

군대에서 하게 된 일도 재미있어요. 제가 공업고등학교 전자과를 나왔다고 했잖아요. 기판 만들고 납땜하고 그런 거 배우는 거예요. 졸업할 때 선생님이 전자기기 자격증이라는 것을 따게 했어요. 형식적으로 해주는 거라 시험만 보면 거의 다들 따요.

그런데 공군에 입대한 친구가 저더러, 공군은 6주에 한 번씩 휴가도 주고 좋으니 공군에 지원하라고 추천했어요. 그래서 전자기기 자격증을 내고 기술병으로 지원했는데, 공군에서 사진병과에 배치하더라고요.

공군은 항공카메라로 사진을 찍어야 하는데, 비행기에 달려 있는 카메라가 전자장비예요. 그래서 전자기기 자격증이 있는 사람을 뽑는 거더라고요. 공군 사진병 중에 70%는 기계를 만지고요, 30%

가 일반 사진을 찍어요. 저는 운 좋게 30%에 할당되어 그때 사진을 원 없이 찍었죠.

그게 나중에 엄청 도움이 됐어요. 사진에 대한 기본 지식을 군 대에서 혼나면서 배워서 몸으로 자연스레 체득했지요. 그래서 지금 우리 회사 사진팀의 프로들하고 프레임 감각이나 전문적인 것들에 대해 얘기할 때도 밀리지 않아요. 또 인스타그램 같은 소셜미디어에 배민 판촉제품 사진을 올릴 때 어떡해야 사진이 잘나오는지 고민할 때도 많은 도움이 돼요. 하여간 살면서 불필요한 경험은 없는 것 같아요.

제대한 후에는 뭘 했습니까?

제대하고 사회에 나왔더니 IMF 금융위기가 터져서 취업을 할 수 없었어요. 당시는 정부에서 IT 산업을 키운다며 정책적으로 밀어줄 때였어요. 제가 대학교 때 배운 포토샵을 조금 할 줄 알아서 이모 션E-Motion이란 회사에서 웹디자이너 일을 시작했어요.

원래 하고 싶었던 인테리어 쪽으로는 취업을 못하고 웹디자인을 시작한 셈인데요. 그때 굵직한 회사의 웹사이트 제작을 하면서 많 이 배웠고, 그 경험이 현재 일에도 큰 도움이 되고 있지요.

그런데 7년 차쯤 됐을 때, 다시 가구 디자인을 해보고 싶어졌어 요. 디자이너라면 손에 잡히는 무언가를 만들고 싶은 욕망이 있잖 아요. 의자나 가방이나 구두 같은 것을 만들고 싶었어요. 그 무렵 에 결혼을 했는데, 가구를 너무 만들고 싶어서 와이프에게 얘기했

정말 재미있어서 하는 일

김봉진 대표는 전문학원에 다닐 때든, 군대 경험을 이야기할 때든, 지금 현재 얘기를 할 때든, "그때 참 재미있었어요", "재밌잖아요?"와 같은 말을 버릇처럼 한다.

빌 게이츠는 자신의 사업이 '재미있는 것'이 되리라는 데에는 확신을 가졌지만, '그렇게 많은 돈을 벌게 해줄 것'이라고는 상상해본 적이 없다고 한다. 그에게 인생의 목표는 '재미있는 일거리'를 갖는 것이었다. 만약 떼돈을 벌겠다는 것이 목표였다면, 아마도 그는 창업 초기에 DOS시스템을 팔라는 IBM의 제의에 비즈니스를 넘겨주었을지도 모른다.

테슬라의 앨런 머스크는 "우주개발사업인 스페이스–X가 결실을 거두기까지 요원하지 않느냐"는 질문에 "난 돈을 더 많이 벌기 위해 이 일을 하는 게 아니다. 인류의 미래를 위해 정말 중요한 일이라 생각하기 때문에 하는 사업이어서 하루하루가 정말 재미있다"고 말한다.

비전이나 꿈과 같은 거창한 얘기를 하지 않아도 무(無)에서 시작하는 창업가들에게는 '재미'가 그들을 움직이는 큰 동력임을 알 수 있다. 버진그룹의 리처드 브랜슨은 그의 책 《내가 상상하면 현실이 된다》에서 비즈니스와 인생에서 즐거움과 재미를 추구하다 보니 여기까지 왔다고 말한다.

지금까지 많은 창업가를 만나봤지만 주식을 공개해서 큰돈을 쥔 후 손을 떼려고 하거나 상장까지만 하고 그만두려는 사람 중에 끝까지 잘된 사람은 거의 못 봤다. 사람들을 끌어모으고 사업을 키워나가는 엄청난 에너지의 근원은 재미와 즐거움이었다. 창업하려는 일이 개인적으로 지독히 재미있다고 생각하지 않는다면, 지금이라도 접는 편이 손해를 줄이는 방법일지 모른다.

죠. 그래서 그동안 번 돈에 지인에게 빌린 돈을 더해 가구점을 차렸는데, 그만 쫄딱 망하고 말았어요.

가구점은, 인터넷하고 아무 상관없는 오프라인이었나요?
네, 대치동에 오프라인으로 차렸어요. 나무로 만든 수제가구였죠. 고급스럽고 예뻤는데 가격이 비싸다고 느껴졌는지 안 사더라고요.

대치동에서는… 웬만한 가격이면 살 텐데?
저도 그렇게 생각했는데, 막상 해보니 그런 게 아니더라고요. 제가 고객의 생활수준이 돼야 서로 얘기도 잘 통했을 텐데요. 제가 응대를 제대로 못하니까 고객들이 가구를 사러 와서 사진을 찍어 블로그에 올리기만 하고, 사지는 않았어요. 잡지사에서 협찬해 달라고 해서 잡지에도 많이 나고 그랬는데, 매출로 이어지진 않았어요. 결국 1년 정도 버티다가 다 말아먹었죠.

가구점 실패에서 배운 교훈이 있다면요?

그게 지금 사업에서 가장 중요한 부분이에요. 실은 그때 일이 제 가슴속에 응어리로 남았어요. 사람들이 가구 디자인은 정말 좋다고 평가했지만, 사지는 않았잖아요. 그 가구가 아직도 저희 집에 있어요.

그때 제가 느낀 게 뭐냐면, 비즈니스를 제대로 이해하지 못하면 좋은 디자인도 소용없다는 사실을 가슴 깊이 깨달았어요. 비즈니스가 성공해야 그 비즈니스를 도와주는 디자인도 성공해요. 비즈니스가 망했는데, 디자인만 성공할 수는 없잖아요.

전후 관계가 다르다고 보실 수도 있는데요, 일반적으로 경영자들은, 브랜딩과 디자인을 매출을 높이는 도구(tool)로 쓰잖아요. 저는 반대예요. 제가 만들고 싶은 브랜드를 만들기 위해서 사업을 잘해야 한다고 생각해요. 그래서 지금도 이 브랜드를 성공시키기 위해서 사업을 잘해야 해요.

고객과 대면하고 실제 판매하면서 배운 점은요?

혹시 사진을 걸 수 있는 조그만 나무집게 보신 적 있나요? 그거를 제가 소매로 처음 만들었어요. 아마도 우리나라에서 최초로. 이게 잡지에는 많이 소개되었는데, 소매로 파는 사람이 없었거든요. 지금도 중국에서 벌크로 사와서 남대문 같은 곳에서 팔아요.

저는 5개씩 끈으로 예쁘게 감아서 소포장해서 팔았어요. 3000 원에 팔았는데, 원가는 300원이에요. 마진이 엄청나잖아요, 90% 니까.

그때 제가 만든 테이블은 150만 원 정도 했어요. 힘들게 만든 테이블은 마진이 겨우 25~30%예요. 그마저도 고객들이 가구 살 때 "얼마 깎아줄래요?"부터 시작하잖아요. 결국엔 원가도 안 되는 가격에 팔아요. 그 비싼 공간에 두세 달 전시하고 나서 원가보다 낮게 파는 거예요.

그런데 고객들이 구경만 하고 그냥 가기 미안했는지 나무집게를 사가기 시작했어요. 나무집게는 아주 잘 팔렸는데, 저는 그게 너무 얄미운 거예요. 하여튼 그때 제 마음이 고객에게 어떤 식으로든 약간 표현이 됐겠죠. 말로 직접 하진 않았어도 얼굴표정이나 이런 게 다 드러났을 거 아니에요. 나중에 생각해보니, 아직은 많이 서툴렀던 거죠.

어찌됐건 망하고 시간이 지난 후 생각해보니, 그때 나무집게를 많이 팔아서 내가 좋아하는 가구 디자인을 계속했어야 했는데, 그걸 몰랐어요. 나무집게를 더 다양하게 개발하고 업그레이드해서 그걸로 매출을 올렸으면 제가 좋아하는 디자인을 계속할 수 있었을 텐데, 그때는 그런 생각을 못하고 나중에 깨달았어요. 그 모든 경험들이 지금 배민의 서비스를 구성하는 데 큰 도움이 되었죠.

망한 다음에는요?

작은 에이전시들에서 출발해 이모션, 네오위즈 등에 다니다가 가구 사업에 실패하고 네이버에 들어갔어요. 월급은 망할 때 진 빚 이자로 다 냈죠. 밤마다 아르바이트 시안 같은 거 잡아서 그걸로 생활비하고, 와이프도 일 다니고요.

마지막 회사는 네이버. 그곳에서 충격적으로 느낀 점이 있었죠. 특별한 사건이 있었던 건 아니고 그때 10년 차 정도라 좀 더 멀리서 제 자신을 바라보게 되더라고요. 새로 들어온 친구들하고 저를 비교해봤는데, 그들이 새로 알고 있는 것들이 제가 예전에 배웠던 것들하고 달랐어요. 탐스 신발 같은 새로운 이야기들도 하고, 안그라픽스 같은 데서 낸 좋은 책들을 많이 읽고 왔더라고요. 제가 학교 다닐 때는 그런 책이 많지 않았어요. 서양의 디자인 잘하는 사람들에 대한 정보 같은 것도 얻기 어려웠죠.

저 자신을 차분히 돌아보니, 저는 10년 가까이 우직하게 일만 열심히 해왔어요. 포토샵 단축키를 빨리 누른다거나 보카시를 어떻게 치고, 폰트를 어떻게 쓰고… 그런 걸 잘하는 정말 기능적인 디자이너로 변해 있는 거예요. 시안을 잘 잡기는 했지만 거의 기술자에 가까운 디자이너가 되어 있는 저랑, 최신 정보에 밝은 디자이너 5년 차를 비교해보니까 퀄리티도 그다지 차이 나지 않는 것 같더라고요.

그러니까 가성비라고 하죠. 제 연봉과 그 친구 연봉 대비 둘의 시안이 그만큼 차이 나느냐? 그렇지 않았죠. 가슴이 답답해졌어요.

디자인을 계속할 수 있을까? 포토샵으로 우리 애를 먹여 살릴 수 있을까?

그래서 공부를 좀 더 하고 싶어졌어요. 창업은 완전히 뒷이야기였고요. 그래서 공부를 하려고, 무작정 국민대 시각디자인 대학원에 입학 지원을 했어요.

그럼 학교를 다니면서 창업을 한 거예요?

대학원은 2010년에 들어갔죠. 그리고 5년 만인 2015년에 졸업했어요. 대학원을 다니는데 네이버가 있는 성남시 정자동에서 국민대가 꽤 멀잖아요. 기본 1시간 반이고 퇴근시간에 가면 거의 2시간 걸리거든요. 그래서 대학원 입학하고 나서 회사에 사직서를 냈죠.

그러고는 디자인 잘하는 친구들과 함께 회사를 만들었어요. 플러스엑스라는 브랜드 컨설팅 회사인데, 지금도 디자이너들이 진짜 가고 싶어 하는 회사예요. 5명이 모여 공동으로 창업했어요.

대학원에 들어갈 때쯤 토이 프로젝트로 시작한 게 '배달의민족'이에요. 2009~10년에는 앱스토어 붐이어서 개인들, 심지어 고등학생이 만든 서울 버스라인 앱도 화제가 되고 그랬잖아요. 저희 배민도 그냥 그런 앱 중 하나였어요. 창업이라고 볼 수도 없고 스마트폰이 더 보급되면 이런 게 있으면 좋겠다고 생각하면서 만들었어요. 사업이라고 전혀 생각 안 하고, 학교 다니고 플러스엑스 회사 다니면서 일하다가, 벤처캐피털을 만나면서 투자를 받고 본격적으로 창업을 하게 됐죠.

많은 사업 중에서 어떻게 '배달 앱'을 선택했는지 궁금해요.

제가 어렸을 때부터 디자인이라든가 미술 쪽에 꿈이 있다 보니, 꾸준하게 하는 것보다는 재밌는 거, 세상을 깜짝 놀라게 할 만한 거, 크리에이티브한 거, 뭐 아무래도 이런 거에 관심이 많았죠.

그런데 그 무렵, 교세라Kyocera의 이나모리 가즈오 회장이 쓴《왜 일하는가》라는 책을 읽었는데, 이 책이 제 인생을 바꾼 계기가 되었어요. 그 책에 보면, '일이란 나 자신을 완성해갈 수 있는 가장 강력한 수련의 도구다. 그 일을 통해서 꾸준히 반복적으로 한 단계, 더 높은 단계로 나를 수련해 나가야 한다'는 말이 있는데, 제 가슴에 콱 꽂혔어요.

솔직히 그때까지 저는 임기응변으로 순간적인 기질을 발휘해서 고객사를 깜짝 놀라게 하고 '와~ 어떻게 저런 생각을 했어?' 이런 반응을 보는 걸 좋아했거든요. 그런데 그 책을 보면서 '아~ 진정한 크리에이티브는 진지한 숙련의 과정에서 나오는구나'라는 걸 깨닫고 제가 갖지 못한 꾸준함을 갖춰야겠다고 결심했죠. 그 이후, 실제로 저 나름의 훈련을 시작했어요.

'꾸준함'을 어떻게 훈련했습니까?

이런 겁니다. 네이버 오픈캐스트에 디자인과 관련된 사이트나 콘텐츠를 매일 8개씩 올리기로 스스로 다짐했어요. 그걸 하루도 빼놓지 않고 2년 동안 했어요. 정확히 755일 동안 했는데, 그러면서 제 삶이 진짜 바뀌는 걸 느끼겠더라고요. 그전까지는 시안을 잘 뽑는 디자이너에 그쳤다면, 이후에는 제 자신이 한 단계 성장한 디자이너가 됐다는 느낌이 들었어요.

그때 올린 내용들 중 스마트폰에 관한 것들도 많았죠. 사람들에게 스마트폰이 뭔지 설명해야 해서 아이폰에 관한 자료조사를 했어요. 그걸 오픈캐스트에 올리다 보니 스마트폰이 미국에서는 어떻게 쓰이고, 일본에서는 어떻게 쓰이는지를 알게 됐어요. 아이디어가 뛰어난 서비스보다 생활에 더 밀착한 실용적인 서비스들이 오래간다는 것도 알게 되었죠. 그러다 보니, 한국에 스마트폰이 들어오면 114 서비스처럼 전화 안내 같은 걸 하면 좋겠다고 생각했고요. 그래서 음식점과 소비자를 연결해주는 안내 서비스를 시작하게 된 겁니다.

그게 배민의 시작이고요. 그때부터 뭘 하든지 일단 한다고 하면, 결과가 나오건 안 나오건, 닳도록 계속해보는 습관이 생겼어요.

그렇군요. 그럼 아이디어 찾는 법도 훈련을 했나요?

아이디어는 문제를 어떻게 해결하느냐가 아니라 문제 자체를 찾는 데서 나온다고 생각해요. 사람들은 문제점을 보는 데 집중하기보다 해결책을 먼저 찾을 때가 많잖아요. 무엇이 문제인지는 나중에 거꾸로 논리적으로 설명을 붙이죠. 그러니까 무의식중에 '이게 어떻게 바뀌었으면 좋겠다'고 먼저 생각하는 경향이 있어요. 그러고 나서 왜 그랬으면 좋겠냐고 물으면, 문제점은 그다음에 이야기하는 거죠. 순서가 바뀌었어요. 문제점을 제대로 찾아야 해결책이 나오는데, 해결책을 먼저 보고 문제점을 끼워 맞추려 하는 거죠.

저의 경우 디자인 공부가 창업에 큰 도움이 됐죠. 제가 대학원에서 훈련받은 게 하나 있는데요. 그때 저를 가르친 정시화 교수님이 사물을 하나 정해서 10가지 문제점을 찾으라는 숙제를 내주셨어요. 대신 절대 해결책을 먼저 찾으면 안 돼요. 해결책을 찾다 보면 자기도 모르게 순간적으로 해결 가능한 문제점들만 보게 되거든요.

저는 한 학기 동안 비누의 문제점만 찾아보았어요. 공중화장실에 가서도, 음식점에 가서도, 집에서도 비누만 들여다봤어요. 가령 공중화장실에 있는 물비누는 짜서 쓸 때마다 밑에 찌꺼기가 묻어나잖아요. 고체 비누는 비누를 놓는 면의 물구멍이 작으면 비누가 빨리 녹아서 물렁해지고요. 그런 굉장히 사소한 것들, 자잘한 문제점들을 계속 탐구했습니다. 답은 찾지 않고 문제점만 찾았죠. 아주 자잘한 건데 그 문제점에 계속 집중했어요.

창업으로 돌아와서 이야기하자면, 보통 창업자들이 '나는 이 문제를 이렇게 해결하려고 창업했다'고 이야기들 하잖아요. 열심히 듣다 보면 '저게 정말 해결해야 할 문제일까?' 하는 생각이 들기도 해요. 가끔 30분 넘게 프레젠테이션을 듣고 나서 제가 조심스럽게 물어볼 때도 있어요. "그거 꼭 해결해야 되는 문제였어요? 해결 안 해도 되는 것 아니에요? 그게 진짜 문제인가요?" 하고요.

자기가 느끼기에 이게 진짜 해결해야 하는 문제인지 솔직하게 자신에게 물어보면, 그냥 자기가 하고 싶은 것을 이야기하는 경우가 많아요. 그것을 논리적으로 방어하기 위해 그다음에 문제를 찾는 거죠. 창업을 할 때 문제점을 제대로 찾는 게 정말 중요하다고 생각해요.

대표님은 배달 시장의 어떤 부분이 해결해야 할 문제라고 느꼈나요?

우선 많은 사람들이 전단지를 보고 주문을 하는데, 그에 대한 리뷰나 평가를 공유할 수 없다는 게 의아했어요. 어디서든 인터넷에 접속할 수 있고 네이버 기사에 댓글이 수천 개는 쉽게 달리는 세상이잖아요. 이런 상황에서 치킨을 시켜먹은 다른 사람의 리뷰나 평가를 공유할 수 없다니, 말이 안 된다고 생각했죠.

두 번째는 전단지 자체의 비효율성이었어요. 가령 수천 장의 전단지를 뿌리고도 거기서 주문이 얼마나 발생하는지 측정할 방법이 없더라고요. 지금은 사장님(업계에서는 '가맹점주' '사장님'으로 호칭한다)들이 배민을 쓰면서 주문이 얼마나 왔는지 바로바로 알 수 있는데요. 배민은 한 번 써봐서 효과가 있으면 계속 쓰고, 아니면 안 쓰면 되는데 전단지는 순전히 감感에 의지해야 하죠.

그 정도 문제는 다른 사람들도 많이 느꼈을 텐데요.

맞아요. 그런데 정작 중요한 것은 문제를 어떻게 정의(define)하느냐에 달렸다고 봐요. 저는 모든 일은 '정의 내리는 것'에서부터 시작한다고 생각해요. 무슨 일을 시작하기 전에 최초에 정의하는 게 중요하다는 점은 저의 멘토 역할을 해주시는 박용후 관점 디자이너님

사소한 성가심

비즈니스가 해결해야 할 '문제'라 함은 소비자가 일상에서 느끼는, 사소하지만 성가시거나 귀찮은 일들을 뜻하는 것이리라. 그렇게 소비자가 가려워하는 점을 세계적인 컨설턴트인 에이드리언 슬라이워츠키Adrian J. Slywotzky의 멋진 용어로 표현하자면 '고충점(hassle points)'이라고 한다. 소비자의 고충이 있는 곳에 기회가 있다.

아무리 부녀지간이라 해도 아버지의 양말과 딸의 속옷을 한 꺼번에 빨기는 싫은 법. 그렇다고 양도 많지 않은 빨래를 별도로 돌리기도 그렇고⋯ 이런 소비자의 고충점을 해결해준 것이 엘지전자의 '트윈 워시'다. 통돌이 세탁기와 트롬 세탁기가 위 아래로 함께 있으니, 세탁물을 구분해 동시에 빨 수 있다.

이런 고충은 외국인들에게도 마찬가지인지, 엘지 세탁기는 세계 어느 시장에서건 부동의 1위를 유지하고 있다. 소비자의 '사소한' 짜증을 해결해준 보상이다.

현금이 든 두툼한 지갑을 가볍게 만들어준 것은 신용카드였다. 그런데 아이러니하게도 이제는 종류별, 용도별로 늘어난 신용카드가 오히려 지갑을 더 두껍고 불편하게 만들고 말았다. 두꺼운 지갑은 성가시다.

2013년, 현대카드는 할인과 포인트 적립을 위한 복잡한 조건을 없애고, 프리미엄 카드를 제외한 기존의 모든 카드를 포인트 적립용인 M 계열과 캐시백 할인용인 X 계열의 두 가지로 단순화했다. 그 결과 출시 50일 만에 카드별 사용액이 34% 증가했고, 복잡한 것을 싫어하는 장년층과 혜택 조건에 민감한 젊은층을 포함해 신규가입자가 14% 늘어났다.

시인은 남들이 보지 못하는 것을 보는 사람이라고들 한다. 그들은 사물에서도 마음을 느끼고, 다른 사람의 마음도 들여다본다. 경영자들에게 시 짓는 법을 가르치는 황인원 시인은 시인이 세상을 보는 법을 다음과 같이 정리한다. "모름지기 시인은 관찰하고(Observe), 질문하고(Ask), 귀담아 듣고(liSten), 그 결과 통찰력을 갖게 되어(Insight), 다른 사람들에게 놀라움을 주는(Surprise) 사람이 되어야 한다." (대문자만 줄여서 'OASIS'라고 기억하자.)

그의 말을 들으면서 마케터도 시인과 똑같다고 생각했다. 고객을 관찰하고, 고객에게 질문하고, 그들의 말을 귀담아 들을 때 사소한 성가신 점을 찾게 되고, 다른 기업은 놓치는 가려운 곳을 찾아 긁어줄 때 고객에게 놀라움을 안겨주는 제품이나 서비스를 생각해낼 수 있지 않을까.

이 늘 해주시는 이야기예요.

스마트폰이 유행하면서 대부분 그동안 알지도 못했던 똑똑한 기능을 어떻게 활용할까에만 집중했어요. 그래서 별의별 앱이 쏟아져 나왔잖아요.

그런데 저희는 전화의 본질적인 기능, 그러니까 전화를 걸고 받는 기능으로 할 수 있는 아이템이 뭔지 생각했어요. 스마트폰을 '똑똑한 전화기'라고 정의했죠. 결국은 전화기인데 이 똑똑한 기계를 어떻게 활용할까 생각했어요.

배민의 처음 비즈니스 모델은 전화로 전화를 연결시켜주는 거였어요. 배민을 통해 업체 사장님들에게 전화가 가면, 사장님들이 '배달의민족 콜입니다'라는 멘트를 들은 후에 소비자랑 연결이 돼요. 그럼 배민을 통해 이렇게 전화가 많이 온다는 사실을 알게 되고 광고비를 내죠. 전화 모델로 시작한 그때가 2010년입니다.

그런데 서비스가 자리를 잡아가면서 온라인 모델의 이점을 알게 됐어요. 온라인에서 결제하면 포인트도 합칠 수 있고, 할인 프로모션도 해줄 수 있고, 치킨 먹은 포인트로 짬뽕도 시킬 수 있고, 해피포인트나 OK캐시백이랑 제휴할 수도 있고, 여러 가지 장점들이 많잖아요.

무엇보다 전화로만 하면 뭘 주문했는지 알지 못하니까 데이터를 확보할 수가 없지요. 그 데이터가 있어야 그다음 고객관리를 제대로 할 수 있는데 말이죠. 그래서 '바로결제'라는 서비스를 시작했어요.

스타트업에는 '번뜩이는 아이디어'가 중요하다고 생각하는 사람이 많은데, 대표님의 이야기를 들어보면 꼭 그렇지도 않은 것 같네요.

그렇죠. '창업할 때 아이디어가 중요하다'는 공식이 사실 꼭 그렇지만은 않을 수도 있어요. 아이디어가 좋으니까 창업한다는 말을 너무 곧이곧대로 믿어서는 안 돼요. 저희가 창업할 때도 이미 비슷한 앱이 거의 30~40개 있었고, 한창 많을 때는 100개 가까이 있었어요. 마찬가지로 페이스북 이전에도 마이스페이스가 있었죠. 구글이 있기 전에는 야후가 있었고요.

더욱이 첫 번째 내놓은 아이디어로 사업에 성공하는 것은 거의 환상에 가까운 일이에요. 제가 봤을 때는 언론이 기막힌 아이디어로 성공했다는 환상을 만들고, 사람들은 그 환상에 편승하고 싶어 하는 것 같아요. 영웅의 이야기나 성공한 사업스토리의 대부분이 그렇게 포장되기 십상이지요.

창업의 성공요소가 '빼어난 아이디어'가 아니라면, 정작 중요한 점은?

저는 사업의 핵심은 아이디어보다는 실행력이라고 생각해요. 처음에는 아이디어로 출발하지만 대개 실행력이 부족해서 실패하는 게 아닌가 싶어요.

스타트업들을 보면 처음부터 사업으로 키워야겠다고 마음먹은 사람이 의외로 적어요. 그냥 장난스럽게 놀이처럼 가볍게 시작하죠. 한 가지 예를 들어 마크 저커버그의 페이스북도 하버드대에서 이성을 사귀는 네트워크를 만들면서 시작된 거잖아요. 처음부터 비

배수진이 정답은 아니다

다른 사람들과 차별화되는 주도력이나 창의력을 지닌 사람들의 생각과 행동에 대한 조사를 기반으로 쓴 《오리지널스》라는 책을 보면, 세상을 바꾼 역사적 인물 중에도 두려움과 우유부단함과 회의에 시달린 사람이 많았다고 한다. 워싱턴, 워즈니악, 미켈란젤로, 마틴 루터 킹 등, 용감하기가 하늘을 찌를 것 같은 사람들의 소심함을 사례를 들며 열거한다.

대부분의 사람은 빌 게이츠가 용감하게 하버드를 중퇴하고 마이크로소프트를 창업했다고 알고 있다. 하지만 실제로 게이츠가 새로운 소프트웨어 프로그램을 팔기 시작한 것은 대학교 2학년 때였고, 그로부터 1년이 지나서야 학업을 중단했다. 그것도 아주 중퇴한 게 아니라 학교로부터 공식적으로 허락을 받고 휴학하며 양다리를 걸친 셈이다. 또 부모님으로부터 재정적인 지원을 받음으로써 실패 위험을 최소화했다.

내가 만난 유명 기업인 중에도 하다 보니 창업을 하게 되고, 하다 보니 성공하게 된 사람이 많다. 배수진을 치며 간절함으로 창업했다고 꼭 성공하는 것이 아니다. 성공한 기업가들은 오히려 일반인보다 위험회피 성향이 강하다.

위대한 사상가인 W.E.B. 뒤부아DuBois가 링컨 대통령에 대해

한 말을 잘 새겨보자. "그는 우리처럼 평범한 사람이었다. 그런데도 에이브러햄 링컨이 되었다(He was one of you and yet he became Abraham Lincoln.)."

즈니스로 진지하게 접근한 게 아니고요.

저커버그가 페이스북을 만든 스토리를 담은 영화 〈소셜 네트워크〉를 보면 알고리즘 만들면서 술도 마시고 노는 장면이 나오는데요. 그런 과정이나 모습들이 사람들이 생각하는 진지한 창업과는 조금 거리가 있죠. 오히려 놀이에서 나오는 에너지가 성공에 도움이 되지 않을까 싶어요.

배민도 처음부터 자금을 모아서 정식으로 차린 회사는 아니었죠?

네, 개발자인 친형과 다른 친구들과 배달 앱부터 만들었어요. 회사에 다니던 다른 멤버들과는 메신저로 의사소통하며 일을 했고요.

2009~10년은 너도나도 앱을 만들어서 앱스토어에 올리던 시기였어요. 저희도 그런 사람들 중 하나였고요. 정부에서는 1인 창업 시대라고 강조했지만, 정작 사업이라고 생각해본 적은 없었어요.

그런데 가벼운 마음으로 출시한 배달 앱서비스가 앱스토어 다운로드 순위에서 이틀 만에 1위를 했어요. 오픈한 다음 날부터요. 1위가 되고 난 다음, 2~3개월 동안 계속 순위권에 있었어요.

어떻게 이틀 만에 그런 대박이 터졌죠? 뭐가 달랐나요?

우선 내가 사는 곳에서 시켜먹을 수 있는 음식점의 전단지를 한꺼번에 모아놓은 것 자체가 신기했을 것 같아요.

그리고 굳이 차별화 포인트를 꼽자면 UI 디자인이에요. 저희는 '배달의민족'이라는 이름도 그렇지만, 처음부터 꽤 키치한 디자인을 했어요. 당시에는 대부분의 앱이 애플에서 제공하는 기본 디자인을 활용했거든요. 앱 버튼도 다들 전형적으로 네모반듯한 스타일. 그런데 저희는 삐뚤빼뚤하게 하고, 버튼도 동그랗게 만들고, 거의 처음으로 자체적인 디자인을 시도했어요.

재밌는 건 이런 걸 만들면 관련 개발자들이 가장 많이 봐요. 업계 사람들이 보고 이렇게 하는 회사도 있다면서 앱에 대한 소문을 많이 내줬어요.

그래도 그런 장점만으로 자리를 잡긴 어려웠을 것 같은데요.

사실 앱은 포털과의 싸움이에요. 네이버가 할 수 없는 것을 대신하자고 마음먹었어요. 네이버는 기술력, 알고리즘으로 세상을 바꾸려고 하는 회사이니, 우리는 발품을 팔자고 했죠. 일단 배달음식점 정보를 많이 모으는 데 집중했어요.

스마트폰 사용량이 많은 동네들을 먼저 돌았죠. 다음커뮤니케이션 본사가 있던 한남동이나 강남, 네이버 본사가 있는 분당 등을 발로 뛰면서 전단지를 모았고요. 가장 확실한 음식점 정보를 얻을 수 있는 건 전단지였으니까요. 나중에는 멀리서 전단지만 봐도 어떤 업종인지 구별할 수 있을 정도였어요. 아파트 경비원들과 청소하는 아주머니들의 도움도 많이 받았고요. 그렇게 전단지를 모은 다음 e-북을 만드는 스캐너로 데이터를 입력했지요.

나중에 투자를 받으려고 벤처캐피털에 발표하러 갔을 때는 인근 1km 내에 있는 모든 전단지를 다 뒤져서 음식점 정보를 입력했어요. 투자자가 제 설명을 들으면서 직접 시험해볼 것 같았거든요.

요즘 스타트업 창업가들을 보면 비즈니스를 굉장히 빨리 배우는 것 같아요. 그럴 수 있는 바탕이 뭘까요?

기업은 계속 진화하잖아요. 마찬가지로 창업하는 과정 자체도 진화하고 있다고 생각해요. 창업하고 나서 어느 단계까지는 어떻게 해야 하는지 패턴화가 되어 있다고나 할까요. 그런 면에서 저희 세대는 운이 좋은 편이죠. 경영학도 계속 진화하니까요.

저희는 수많은 사례들을 공부하면서 '나라면, 배민이라면… 그 상황에서 어떻게 했을까?' 하고 대입해봐요. 가령 현대 정주영 회장님이 창업했을 때는 그런 사례들이 지금보다 훨씬 적었겠죠. 하지만 지금은 경영자들이 수십 년 동안 쌓아놓은 수많은 사례들과 교수님 같은 학자들이 정리해준 베스트 프랙티스best practice들을 보면서 경영을 더 잘하는 법을 쉽게 접할 수 있어요. 예를 들면 인사정책은 어떻게 펼쳐야 하는지, 비즈니스 모델은 어떻게 만들어야 하는지 등을 배울 수 있죠.

책은 도끼다

Leadership은 readership에서 나온다더니, 김봉진 대표는 책을 엄청 많이 읽는다. 읽은 책 중에서 특별히 유익했던 책을 골라 《청년창업, 8권의 책으로 시작하다》라는 책을 썼을 정도니까. 무지하게 바쁜 그가 무한정 시간을 할애하며 인터뷰에 응한 이유도, 그가 내 책들을 재미있게 읽었기 때문이란다.

한국에 돌아와 교수를 한 지 27년 동안, 다양한 분야에서 성공한 사람들을 수없이 만나보았다. 타고난 재능이 각별한 사람도 있고, 머리가 뛰어난 사람도 있고, 체력이 남다른 사람도 있지만 성공한 사람들의 유일한 공통점을 꼽는다면, 학력이나 지능이나 연령과 상관없이 여전히 공부하고 꾸준히 책을 읽는다는 점이다. 그들과 대화해 보면, 어쩜 세상을 이리도 앞서 나갈까 싶어 놀랄 때가 많았는데, 바로 독서가 그들에게 새로운 아이디어를 주고 색다른 관점을 갖게 해주는 최고의 스태프이었으며, 그들의 놀랄 만한 내공은 바로 책에서 나온다는 것을 알 수 있었다.

박웅현 CD가 쓴 《책은 도끼다》라는 책에 인용한 카프카의 말처럼, '책이란 무릇, 우리 안에 있는 꽁꽁 얼어버린 바다를 깨트려 버리는 도끼가 아니면 안 되는 것'이다.

기존 시장에서
어떻게 새로운 틀을
만들까?

배민은 주도면밀한 계획을 세운 후에 내놓은 서비스도 아니고, 창업을 꿈꾸고 시작한 회사도 아니었다. 그러나 앱을 출시하자마자 사람들로부터 큰 호응을 얻었다. 전단지와 배달 시장의 비효율성을 해결하는 동시에 자체적인 디자인을 내세운 공이 컸다.

하지만 그것만으로 시장에 성공적으로 안착할 수는 없었을 것이다. 창업은 아이를 낳는 것처럼, 위험하지만 위대한 일이다. 세상에 또 하나의 존재를 만드는 일이기 때문이다.

아이가 세상에 나오면 우선은 이름 짓는 일이 중요하다. 이름, 즉 브랜드를 만드는 것은 새로운 존재의 탄생을 알린다는 의미 이상이다. 그 브랜드의 존재 이유와 사업을 하면서 지켜야 할 원칙과 목표를 정해야 한다. 그 일이 말잔치로 끝나면 안 된다. 존재에 혼을 불어넣는 작업이므로 매우 진지하게 고민해야 한다.

'배민을 쓰지 않는 사람은 있어도 배민을 모르는 사람은 없다'는 말처럼 배달의민족이라는 단어는 일종의 유행어가 되었는데요, 네이밍 과정이 궁금해요.

친구랑 둘이 걸어가다 그냥 지었어요. 몇 초도 안 걸렸어요.

"대현아, 배달의민족이라는 이름 어때?"

"좋아요, 형."

"그럼 그걸로 하자."

당시는 사업을 하려던 것도 아니었으니까 가볍게 생각했죠.

배달음식을 주문하고 기다리는 과정은 아주 간단하고 즐거워야 하잖아요. 심각하게 인상 쓰면서 검색하고 꼼꼼하게 메뉴 찾고 해결할 만큼 중대한 일이 아니죠. 젊은 친구들이 이것저것 많이 '배달' 음식을 시켜먹는다는 의미에서 배달의민족이라고도 하고, 밝은 땅에 사는 민족이라는 중의적 의미가 있죠. 거의 순간적으로 떠오른 이름이 '배달의민족'이었어요.

일종의 패러디와 언어유희인데, 한국인의 자부심과 한글의 묘미가 느껴지는 브랜드 명이라고 생각합니다. 배민의 브랜드 컨셉과 비즈니스가 응축된 이름이기도 하고요.

처음에는 회사를 차릴 생각이 없었다고 했잖아요. 그럼 비전이나 미션을 정하는 일도 없었겠군요?

6개월 준비해서 앱을 만들었고, 또 6개월이 지난 1년 후에 사업자등록증이 나왔어요. 처음에는 '우리는 무슨 회사여야 하는가'에 대해 고민할 겨를이 없었죠. 대단한 사명감보다는 '그냥 이런 서비스가 있으면 좋을 텐데 왜 아직 없을까?' 하는 단순한 생각에서 시작했거든요.

그런데 사업자등록을 하고 직원들을 뽑으려는데, 비전이 뭔지 물어볼 것 같았어요. 그래서 반년쯤 지난 후에 우리를 되돌아보고 열심히 궁리해서 비전이란 걸 만들었어요. 공동창업자들과 모여앉아 배달의민족이 어떤 기능을 갖고 있고, 무얼 하는 서비스인지를 그냥 말 나오는 그대로 일단 나열해 봤어요. 그걸 다시 반으로 줄이고 줄이고 줄였어요. 그게 바로 '정보기술을 활용하여 배달산업을 발전시키자'예요.

'정보기술'이란 IT 기술인데 저희는 동양의 정보기술을 그대로 썼어요. 정보를 한자로 '情報'라고 쓰잖아요. 여기에 쓰이는 한자 '情'에는 한국인의 마음이 담겨 있는 것 같아요. 초코파이 광고에 나오는 '情'처럼요. 그러니까 우리 기술은 '情'의 테크놀로지가 돼야 한다는 의미죠.

일반적으로 정보기술이란 말은 '기술'에 방점이 찍히지만, 저희는 '정보'에 더 중심을 뒀어요. 배민이 하는 일이 오프라인의 배달음식점 정보들을 온라인으로 전환하는 일이니까요.

'활용'은 말 그대로 이미 있는 것을 이리저리 잘 응용한다는 의미이고요. '배달산업'은 모든 배달 서비스로 정의했어요. '발전'은 더 낫고 좋은 형태로 나아간다는 뜻이잖아요. 말하자면, '전단지를 온라인화해서 배달산업을 발전시키자'는 명분이 저희의 첫 번째 비전이죠.

배민의 비전은 독특한 데 비해, 핵심가치로 정한 '근면성실, 새 시대 새 일꾼, 근검절약'은 의외로 평범하다는 느낌이 들어요.

네, 맞아요. 저희 회사 이름이나 앱을 보면 굉장히 독특하다고 생각하시는 것 같은데, 핵심가치는 평범해 보인다는 이야기를 들어요. 어찌 보면 평범하고 때로는 고지식해 보일지도 모르죠. 하지만 핵심가치가 기본에 뿌리내리지 않으면 어떤 것도 이룰 수 없다는 의미에서 단조롭게 만들었어요.

'근면성실'은 말 그대로 부지런히 일하며 힘씀(근면)을 말하고, 정성스럽고 참된 자세(성실)로 자신에게 주어진 일에 최선을 다해 개인 및 회사의 가치를 실현하자는 의미고요.

'새 시대 새 일꾼'은 새로운 기술을 익히고 새 시대의 흐름을 파악해 고객의 기호가 어떤 방향으로 가는지 연구함으로써 새 시대에 필요한 사람이 되기 위해 끊임없이 노력하자는 거지요.

'근검절약'은 성실하게 일하며 얻은 이익을 낭비하지 않고 아껴 남긴 이익으로 주위를 돕자는 겁니다. 초심을 잃지 않고 처음 그 마음가짐을 지속할 수 있도록 세 가지를 잘 지키려 노력하는 게 중요하다고 생각합니다.

배민이라는 앱 서비스의 제작에서는 어떤 차별화 포인트가 있었나요?

'쉽고, 명확하고, 위트 있게'가 저희 서비스 제작원칙이에요. 우선, 얼마나 '쉬워야' 하는지를 놓고 고민이 많았어요. 처음에는 '열 살짜리도 쓸 수 있도록'이라고 했더니, 저희 CTO^{Chief Technology Officer}가

요즘 스마트폰은 어릴수록 더 잘 쓴다는 거예요. 맞는 말이죠. 그래서 나중에는 '우리 엄마도 쓸 수 있을 만큼 쉬운'으로 바꿨어요.

'명확하다'는 건 정보의 최신성과 신뢰성이 우리 서비스의 본질이라는 뜻이니까 늘 염두에 두어야 할 사항이겠죠.

'위트'는 10년 후에도 잊지 말아야 할 배민의 고유한 특성이라고 봅니다.

서비스 3대 과제도 있다고요?

네, 업소정보, 업소리뷰, 시스템 안정성이에요. 순서도 중요해서 다 함께 논의하여 정했습니다.

일단은 정확한 '업소정보'가 많이 있어야 한다고 생각했고요. 다음으로는 '업소에 대한 리뷰', 평가가 충분히 쌓여야 한다고 봤어요. 마지막으로 위의 두 가지를 지지해주는 것이 백그라운드 시스템이자 IT 기술, 즉 '시스템 안정성'이죠.

서비스 과제는 서비스가 업그레이드되면서 몇 년에 한 번씩 달라질 수 있다고 봐요. 이 내용들은 5년 전에 저희 임원들하고 만들었어요. 그때 썼던 종이를 그대로 항상 가지고 다닙니다.

이런 원칙과 가치, 비전 등은 대표님 머릿속에 전부 있을 텐데, 왜 그걸 굳이 종이에 적어 갖고 다니세요?

저는 뭐가 됐든 시간이 지나면 역사와 전통이 된다고 믿어요. 저희 회사에 들어오면 가장 먼저 보이는 포스터가 굉장히 낡았어요. 5년

핵심을 찾으려면 응축하라

사람들은, 의식하든 하지 않든 매 순간 여러 가지 브랜드를 관리하고 있다. 우선 본인의 이름 석자가 관리해야 할 첫 번째 브랜드다. 나아가 자기가 속한 기업의 브랜드는 물론이고, 가문의 명예나 졸업한 학교의 명성, 조국의 이미지에 이르기까지 그 이름의 가치를 높이려 신경 쓴다. 어찌 보면 사람들이 일생 동안 하는 일이, 본인과 관련되는 각종 '브랜드를 관리하며 사는 것(branding)'이 아닌가 싶다.

삶에서나 사업에서, 브랜드 관리에 최우선시되어야 하는 것은 브랜드의 개념(brand concept, 김봉진 대표는 이를 비전이라 표현했다. 용어는 어떻든 상관없다)을 분명히 하는 것이다. 그러려면 우선 우리 사업의 특징을 주욱 나열해 보아야 한다. 열 가지고 스무 가지고 나열한 후, 그것을 자꾸 줄이고 줄이며 응축해 보라.

최근 인기 있던 책 중에 《심플》이라든지 《단》, 또는 머리에 딱 들러붙는 한 단어를 찾으라는 의미의 《스틱》과 같은 책들이 주장하는 것이 응축하라는 메시지다. 그런데 응축이란 단순히 '짧게 줄이기'가 아니다. 응축에 응축을 해나가다 보면 '핵심에 다가가기' 때문에 중요한 것이다.

〈흐르는 강물처럼〉이라는 영화가 있다. 미국의 몬태나 주는

업의 개념 무엇 하는 회사를 만들 것인가

로키산맥에 걸친 산악지역이다. 풍광이 아름답지만 외딴 오지인 이곳에 새로이 목사가 부임한다.

그 목사에게는 아들이 둘 있는데, 학교 공부가 미흡하다고 생각했는지 직접 공부를 가르친다. 어린 아들에게 책을 읽게 하고 그 내용을 두 페이지로 줄이도록 시키는 것이다. 줄여온 글을 보며 틀린 곳을 고쳐주고, 이번에는 한 페이지로 줄이라고 한다. 줄여오면 또 반 페이지로 줄여오게 한다. 이 아버지 목사가 하려는 교육이 뭘까?

우리도 여러 장의 보고서보다 '원 페이지 보고서(one-page report)' 만들기가 더 힘들지 않던가. 아마도 어린 아들에게 책의 '핵심을 찾는 연습'을 시키는 것이리라.

내 사업의 '본질'이 무엇인지 찾고 싶은가? 우선 특징을 나열하고 그다음에 응축하려고 애써보라. 응축하고 또 응축하여 몇 개의 단어로 집약해 보라. 응축의 결과보다 더 중요한 것은, 핵심에 다가가는 고심의 과정이기 때문이다.

전에 처음으로 킨코스 같은 출력소에서 뽑은 포스터예요. 되게 낡았지만, 그 낡음을 계속 유지하죠. 그 포스터를 붙여놓으면 사람들이 계속 그걸 보면서 이야기할 수 있잖아요. 서비스 원칙에 대해 다시 한 번 상기하고 저걸 어떤 마음으로 썼는지 초심을 떠올리겠죠.

배민의 다빈치 코드

김 대표가 항상 들고 다니는 손때 묻은 가죽커버 노트 안에는 원칙과 가치, 비전을 적은 종이가 곱게 접혀 있다.
마치 소중한 보물을 꺼내듯, 조심스레 펼쳐 보여준다. 이런 원칙이나 비전은
조직에 혼을 불어넣는 일이므로 정말 중요하다.

신규 입사자가 들어오면 매번 교육을 해요. 우리 회사는 어떻게 생겨났고, 어떤 생각을 하고 있고, 어떻게 될 거라는 이야기를 하죠. 그때마다 늘 이걸 보여줘요. 초기 창업자들이 모여서 머리 싸매고 만든 게 이거라고요. 우리가 어떻게 일해야 하는지 하나씩 하나씩 정의를 내렸다는 걸 보여주죠. 시간이 흐를수록 이 종이의 힘은 더욱 강해질 것 같아요.

지금까지 이야기 나눈 '업의 개념'은 어디까지나 배민의 입장이잖아요. 고객 관점에서 보면 배민은 뭘 하는 회사일까요?

그건 배달음식에 대한 정의와 관련이 있을 것 같아요. 배달음식의 정의가 뭔지 생각해봤어요. 축구 국가대표전을 보면서 치킨을 시켜먹거나 동료들과 야근하면서 먹었던 족발이나 보쌈이 생각나더라고요.

저에게 배달음식이란 혼자 끼니를 때우기 위해 쓸쓸히 먹은 음식이 아니라, 주위 사람이나 가족과 즐겁게 먹은 음식 혹은 체험이었어요. '배달음식'을 '사랑하는 사람과 나누는 행복한 시간'이라고 정의한 이유가 바로 그겁니다.

자연스럽게, 사람들이 배달음식을 시켜먹는 '본질적인 이유'가 무엇인지도 깨닫게 됐어요. '좋은 음식을 먹고 싶은 곳에서 먹기 위해' 시키는 거겠죠. 배민은 그걸 하는 회사입니다. 사람들이 좋은 음식을 먹고 싶은 곳에서 먹으면서 선순환이 일어나죠.

선순환이라 함은 윈-윈 구조를 만들어야 한다는 말이겠죠?

네, 배민에는 서로 다른 입장의 고객이 존재하잖아요. 한쪽은 배민이라는 플랫폼을 통해 음식을 주문하는 일반 소비자이고, 다른 한쪽은 배달음식점을 운영하는 가맹점주들, 플랫폼의 공급자죠.

소비자가 어디에 값싸고 맛있는 음식이 있는지 원하는 정보를 얻기 어렵듯이, 가맹점주들도 소비자 반응에 대한 정보를 얻기 어렵다는 건 별반 다르지 않아요. 수십만 원씩 들여 어렵게 전단지를 뿌렸지만 진짜 광고효과가 있는지는 확인할 길이 없죠. 배민 앱은 가맹점주에게 자신의 음식점을 고객에게 알릴 수 있는 광고 플랫폼이자 모니터 역할을 해요. 소비자와 가맹점주, 그 둘을 연결해주는 선순환의 고리에 배민이 자리 잡았다고 볼 수 있죠.

전화로 하던 주문을 온라인화해서 달라지는 점이 뭐죠?

오프라인에서는 1:1로 거래하잖아요. 가령 사장님이 만든 음식을 소비자가 사 먹고 끝나는 식이에요. 1:1 거래죠. 그런데 온라인은 사실 1:n이에요. 다른 사람들의 리뷰나 평가를 볼 수 있다는 것은 완전히 다른 차원이 되는 거예요. 저희는 그게 정말 큰 변화라고 생각했어요.

음식점 리뷰가 뭐 그리 중요하냐, 단순한 평가 아니냐고 볼 수도 있겠죠. 하지만 리뷰 하나로 음식의 퀄리티가 달라져. 사장님들이 그전에는 평판에 그렇게까지 예민하게 반응하지 않았어요.

게다가 전단지는 완전히 일방적인 커뮤니케이션이잖아요. 내가 하고 싶은 이야기를 인쇄해서 문 앞에 가져다 놓으면 커뮤니케이션이 끝나요. 그런데 이제는 쌍방향 커뮤니케이션이 일어나요. 소비자가 배민을 통해 주문해서 먹어보고 맛있어서 '정말 맛있다'고 평가하면 사장님도 기분이 좋아져서 더 맛있게 만들려고 애쓰죠. 평판이 중요해진 시대로 넘어갔다는 방증이에요.

예전에는 음식이 진짜 맛없으면 식당에 전화해서 화내고 끊어요. 그럼 사장님은 그때 잠깐 참으면 끝이에요. 그런데 지금의 구조는 그 평가가 고스란히 다른 잠재고객에게 보여지고 온라인에 남거든요. 다른 사람들이 그 평가를 보고 평판을 내리니 사장님들이 스트레스를 받죠. 결국 좋은 평판을 얻기 위해서 서비스를 더 좋게 해야 하고, 음식을 더 잘 만들어야 해요.

사람들로 하여금 새로운 체험을 하게 하고, 습관을 바꾸어, 시장을 창출하는 3단계군요.

예, 맞습니다. 온라인 주문은 시장의 체험을 완전히 바꿔놓았어요. 서비스를 더 좋게 만들어야 하고, 음식을 더 잘 만들어야 하는 상황과 체험, 이것이 결국 이 시장의 질을 더 높였어요. 이게 웹 2.0에서의 집단지성과 같은 것이죠. 시장의 체험이 변하면서 습관도 완전히 바뀌었어요.

처음에는 전단지와 배달시장이 비효율적으로 돌아가고 있다고 생각해서 서비스를 만들었어요. 하지만 시장을 좀 더 깊숙이 들여다보고 자리를 잡는 과정에서 저희 서비스로 할 수 있는 일들이 많다는 걸 실감하게 되었죠. 그걸 더 파헤치는 일이 앞으로 저희가 해야 할 역할이자 과제이기도 하고요.

창업자로서
무엇에
유의해야 할까?

김 대표는 창업의 세 요소로 아이디어와 돈, 사람을 꼽았다. 아이디어와 그를 뒷받침할 기술이 있으면 본격적으로 창업의 발동을 걸게 된다.

창업에서 자금은 물론 중요하지만, 자금 그 자체보다는 다른 사람의 자금을 동원할 수 있는 능력이 필요하다. 동서양을 막론하고 부모에게 돈을 받아 쉽게 시작한 사업이 잘되는 경우는 많지 않다.

무엇보다 중요한 것은 사람들을 조직하는 능력이다. 처음에는 개인이 뛰지만, 점차 사람들을 움직이는 시스템을 갖춰가야 한다. 시스템 구축을 소홀히 여겼다가는 물이 새는 바가지처럼 경험이 축적되기보다 헛바퀴를 굴리며 에너지를 소진하기 쉽다.

그런데 대부분의 창업자들은 기업을 손수 운영해본 경험이 없기 때문에 기업가적 정신과 행동(entrepreneurship)에 익숙하지 않다. 배민은 수많은 결정의 순간에서 어떻게 행동했을까?

창업은 어떤 사람들과 하면 좋을까요?

처음 배민을 시작할 때 저희 친형이 엔지니어를 맡았고요. 중학교 때부터 알고 지낸 친구, 제가 처음 가구사업에 실패했을 때 도와줬던 친구, 오랫동안 사회생활 하면서 '형, 동생' 하던 후배도 함께했고요. 다 그냥 정말 가까운 친구들, 형제들, 친척이나 동생들과 시작했지요.

혈연관계나 지인과 창업하는 것에 우려를 표하는 사람들이 많은데, 저는 이런 방식도 괜찮다고 생각해요. 대부분의 창업이 처음에는 혈연, 지연, 학연으로 시작돼요. 돌이켜보면 거의 모든 회사가 다 그래요. 물론 회사가 커지면 이야기는 달라지겠지만요.

창업하고 회사를 만들어가는 과정에 예측 못한 수많은 변수들과 어려움이 생기잖아요. 월급을 못 줄 수도 있고 성과가 제대로 안 나와서 책임져야 할 때도 있고요. 그런데 일하기 위해 계약상으로 만난 사람들이라면 이런 상황을 못 견딜 가능성이 크죠. 서로를 탓하기 쉽고요. 하지만 일단 신뢰 관계로 뭉친 사람들은 그런 어려움을 함께 견딜 수 있죠.

저희 회사도 그동안 많은 어려움을 겪었지만 멤버들이 그때마다 서로를 믿으며 헌신했기 때문에 극복할 수 있었다고 생각해요. 창업 팀을 구성하는 핵심은 이게 아닐까 싶어요. '우정을 나눈 사람들과 창업해야 한다.'

가령 좋은 아이디어가 생각나서 개발자를 찾아가서 "진짜 끝내주는 아이디어가 있는데 한번 만들어볼래? 내가 지분 20% 줄게"라고 하는 식의 관계는 깨지기 쉽다고 생각해요. 반면 그냥 친한 친구들끼리 "진짜 재미있는 아이디어가 하나 있는데, 네가 요것만 좀 맡아주지 않을래?"라는 식은 가능해요.

사업이라는 게 오랫동안 바닥을 치다가 갑자기 올라가잖아요. 그 엄청나게 느껴지는 인고의 시간을 같이 견뎌내는 힘이 있어야겠죠.

비즈니스에서 타이밍이 중요하잖아요. 스타트업은 어떨 때 기민하게 움직이고 어떨 때 신중해야 할까요?

타이밍을 잡기 위해 규모를 작게 하고 빠르게 테스트해보는 게 중요하다고 생각해요. 빨리 해보고 아니면 뒤로 빠지고, 그렇게 여러 번 해보는 거죠. 작게는 프로모션, 크게는 사업을 할 때 처음부터 많은 자원을 투여하지 않으면 실패하더라도 피해가 크지 않거든요.

큰 의사결정일수록 사전에 여러 번 작은 시도를 해야겠죠. 가령 50억짜리 사업을 하는데 바로 들어가면 반드시 문제가 생겨요. 작은 규모로 치고 빠질 수 있어야 하더라고요.

권투에서처럼, 큰 펀치 날리기 전에 잽으로 간을 보란 말이죠.

그렇죠. 결과가 좋지 않다고 해서 너무 많이 신경을 쓰거나 상처를 받아도 문제가 커지거든요. 우리가 실수할 수도 있고, 일이 잘못 틀어질 수도 있다는 것을 인정해야죠. 안 좋은 결과를 놓고 서로 잘잘못을 따지기보다 빨리 뒤로 빠져서 다른 방법을 찾는 게 중요해요. 무엇이든 너무 크게 봐도, 너무 작게 봐도 안 되겠지만요.

때마다 필요한 인재가 다르다

사회학자인 제임스 배런James Baron 교수가 스탠퍼드 대학 재직 시, 실리콘밸리에서 200여 개에 달하는 기업의 창업가들을 면담 했다. 어떤 조직이 벤처기업을 성공시키는지 알고 싶어서였다.

면담결과를 바탕으로 그는 조직을 세 가지 유형으로 나누었 는데, 전문가(professional) 중심조직, 유망주(star) 중심조직, 헌 신형(commitment) 중심조직이다. 전문가 중심조직의 창업가는 특정분야의 전문지식이나 기술을 보유한 직원을 채용하는 데 중점을 두었다. 유망주 중심조직의 창업가는 현재 전문성이 부 족해도 미래의 잠재력이 있는 인재들을 채용하거나, 심지어 그 들을 다른 회사에서 빼내왔다. 헌신형 중심조직의 창업가들은 회사가 표방하는 가치나 규범과 어울리는 사람들을 우선적으로 고용했다.

이 중에서 실패율이 가장 낮은 조직은 어떤 유형일까? 헌신형 중심조직이다. 단 한 기업도 파산하지 않았다. 유망주 중심조직 의 실패율은 상당했고, 전문가 중심조직의 실패율은 그보다도 세 배 이상 높았다.

헌신형 중심조직을 선택한 창업가들은 직원에게 동기를 부여 하는 방식도 독특했다. 그들은 직원들과 조직 간에 강한 감정적 유대감(emotional bonds)을 조성하려고 애썼다. '가족'이나 '애정' 같은 단어들을 자주 사용하며, 은연중에 조직 내의 동료애를 강조했다. 직원 또한 조직이 추구하는 사명에 대해 열정적이었다.

그런데 간과하지 말아야 할 점이 있다. 초창기에는 헌신형 중심조직이 결실을 거두지만, 시간이 지날수록 그 효력이 떨어지는 경향이 있다. 일단 살아남아 기업공개를 하고 나면, 헌신형 중심조직의 주식가치는 유망주 중심조직보다 140% 느리게 성장했고, 전문가 중심조직보다는 25% 느리게 성장했다. (앞뒤 더 자세한 정보는 *California Management Review*(2002)에 나오지만, 《오리지널스》 책을 읽어보는 것으로도 충분하다.)

왜 그럴까? 기업이 커가면서 자연스레 성장통을 겪는데, 그럴 때일수록 창업가들은 자신과 동일한 시각을 지닌 친구와 동료들로부터 자문을 구하는 경향이 있다. 어려움에 봉착한 그들은 이견을 제시하는 사람들을 불편해하고, 합의라는 편안함을 택하곤 한다는 것이다. 사실은 정반대로 해야 하는데 말이다.

자신의 친구가 아닌 사람들로부터 적극적으로 자문을 구하고, 다양한 의견들을 듣고, 실수를 바로잡고, 혁신을 추구하는 노력을 게을리하는 기업은 도태되고 만다. 이 시점에 필요한 사람이 멘토mentor다.

정반대로 생각해볼 수도 있지 않나요? 무언가를 하나 시도했으면 끝까지 밀어붙여야지, 뭔가 되려고 하는데 또 바꾸고, 안 된다고 또 바꾸고 그러면⋯

저는 배수의 진을 절대 치지 말라고 강조해요. 배수의 진이라는 건 어렵고 절박한 상황이잖아요. 왜 스스로 그런 상황을 만드냐는 거죠.

오히려 무언가를 꼭 해내야겠다고 독하게 결심하면 문제가 생기는 것 같아요. 그러면 같이 일하는 사람들도 힘들어져요. 즐기면서 작은 성장들을 만들어나가는 것이 중요하죠. 아주 비장한 각오로 한다? 사업이 나라를 구하는 문제는 아니잖아요.

목숨 걸고 일해도 될까 말까 한데, 최선을 다하지 말라는 얘기는 아니시죠?

스스로 최선을 다해서 일하는 것은 자신에 대한 예의라고 믿어요. 하지만 최선을 다해 일하는 것과 목숨 걸고 일하는 건 다른 차원이라고 생각합니다.

사업가로서 '리스크'에 대해서는 어떻게 생각하세요?

굳이 따지자면, 리스크는 보수적으로 피해가는 편이에요. 사람들은 통념상 창업가들은 많은 위험을 무릅쓰는 경향, 리스크를 두려워하지 않는 편이라고 생각하기 쉬운데, 사실 꼭 그렇진 않거든요. 리스크를 잘 예상해서 피하고 분산해야 오히려 좋은 결과를 얻을 수 있을 것 같아요. 보수적으로요.

저희는 사업을 할 때도 이미 잘하는 플레이어가 있는 영역이면 정면승부하기보다는 최대한 옆쪽으로 치고 들어가는 전략을 취합니다. 우리가 1등 할 수 있는 영역으로 좁혀서 들어가지 큰 플레이어와 싸우지는 않아요. 조용히 후방으로 들어갈 수도 있는데 정면승부를 선포하면 괜히 감정적 대응이 될 수 있거든요.

창업가에게 필요한 단어로 '열정'이 있죠. 그런데 지나치면 눈먼 열정이 되고, 없어도 문제고. 얼마큼의 열정이 필요할까요?

저는 살면서 좀 더 쓸모 있는 사람, 남들에게 좀 더 좋은 영향을 미칠 수 있는 사람, 스스로 계속 성장할 수 있는 사람이 되기를 꿈꾸고 있거든요. 열정은 그런 것 아닐까요? 그냥 주어진 일만 하는 게 아니라 나의 하루하루가 점점 좋아지는 거요.

투자자들은 열정이 너무 강한 사람을 조심해야 한다고 하는데, 왜 그럴까요?

네, 방향성 없는 열정은 위험하죠. 탈무드에 나오는 이야기가 있잖아요. 어떤 사람이 사막을 걷다가 지나가는 마차를 세우고 어떤 도시까지 가야 하는데 얼마나 걸리느냐고 물어봤어요. 1시간 정도 걸린다고 해서 마차를 얻어 탔죠. 1시간 정도 지나서 마차 주인에게 이제 다 왔냐고 물으니 웬걸, 더 멀어졌다는 거예요. 2시간 걸린다는 거죠. 어떻게 그럴 수가 있느냐고 하니까 그 도시로 가는지는 안 물어보고 타지 않았냐고 그러는 거예요. 시간만 물었지 방향은 묻지 않아서 반대 방향으로 1시간 더 간 거죠. 맹목적 열정은 그런 결과를 낳기 십상이죠. 목적성과 방향성이 같아야 하는데 그렇지 못한 거예요.

일할 때는 정확한 팩트에 기반을 둔 데이터를 분석해야 하고, 그에 대한 전략을 세워야겠죠. 그다음 필요한 게 열정이라고 봐요. 처음부터 열정만 넘치면 주변 사람들까지 부담스러워져요. 막연한 열정을 가진 분들이 와서 이야기하면 저도 뭘 도와줘야 할지 모르겠어요. 자기도 뭐가 되고 싶은지 모르는데 제가 어떻게 도울 수 있겠어요.

만일 배민이 투자자가 된다면, 어떤 기업에 투자하고 싶으세요?

저희 투자자가 저희에게 했던 것처럼 그대로 하고 싶은데요. 간단히 말하자면 '이정표를 찍을 수 있는 회사'라면 좋겠다고 생각해요.

투자자들이 저희 회사에 투자한 과정을 보면요. 사실 제가 디자이너 출신으로서 사업을 하겠다는 것 자체가 새로운 이정표가 될 수도 있겠다고 본 거죠. 어떤 사업인지 수익성에 대한 분석도 당연히 하겠지만, 저희에게 투자했던 본엔젤스에서는 결정적으로 이정표가 될 수 있는지를 본다고 해요. 저 역시 스타트업들이 비즈니스에 이정표를 찍을 수 있는지 없는지를 주로 볼 것 같아요. 그래야 의미가 있겠죠.

지금 말한 비즈니스의 이정표를 조금 더 구체적으로 말한다면?

여기서 이정표는 새로운 패러다임이 아닐까요? 굳이 처음 보는 아이디어가 아니어도 새로운 사고방식, 새로운 업무처리 방식, 새로운 문화를 보여줄 수 있어야겠죠. 다양한 사람들과 다양한 사업모델을 갖춘 회사, 마케팅을 중요하게 생각하는 회사, 개발을 중요하게 여기는 회사 등 수많은 이정표들이 찍히면 사람들에게 더 많은 것, 더 다양한 것들을 보여줄 수 있겠죠.

흔히 핵심역량에 대한 이야기를 하잖아요. 츠타야가 서점이 아니라 라이프스타일을 제공하는 역량을 가진 회사라든가, 웅진은 학습지나 정수기 회사가 아니라 방판유통 서비스에 핵심역량이 있는 회사라고 하듯이 말이죠. 배민의 핵심역량은 어디에 있을까요? 먹거리인가요, IT인가요?

우리의 핵심역량은요. 이렇게 말해도 맞는지 모르겠지만, '우리만의 시각으로 세상을 바라볼 수 있는 것'이라고 생각해요.

우리만의 시각이 틀릴 수도 있겠죠. 하지만 사람들이 이런 걸 좋다고 하니 우리가 그걸 해보자는 식이 아니라, 우리가 우리 것에 대해 정의하고, 산업에 대해 정의하고, 우리만의 시각으로 끌고 갈 수 있는 게 저희의 핵심역량이 아닐까 생각합니다. 지금까지 그렇게 해왔고요.

어떻게 하면 '우리 기업만의 시각'을 키울 수 있을까요?

자기계발서에 나오는 얘기처럼 들릴까 봐 말하기 조심스럽지만, 평균적 사고의 함정에 빠지지 않는 게 더 중요하다고 봐요. 다른 사람들 기준에 맞추고, 다른 이들의 칭찬에 연연하기보다 나만의 기준을 세우고·나만의 목소리에 귀 기울이는 게 맞다고 믿는 거죠.

똑똑하고 지식이 많은 사람일수록 평균적 사고에 갇히기 쉬운 것 같아요. 일반적으로 교수님들을 사회의 지식인으로 간주하잖아요. 그런데 자신의 생각을 말씀하시는 것을 되게 어려워하세요. 교수님들 사회는 속된 말로 튀면 안 되잖아요. 남들이 생각하는 프레임 안에서 이야기해야 안전하니까요.

저희는 처음에는 그냥 사전적인 정의를 찾아요. 그다음 저희만의 정의를 다시 해봐요. 보편적인 가치관은 이것인데, 우리가 추구하는 가치관은 무엇인지 다 같이 생각해봐요. 가령 '우리가 생각하는 복지는 무엇인가' 하는 식으로요.

그렇게 고민해야 우리만의 본질을 만들 수 있고, 우리만의 문화를 만들 수 있다고 생각해요. 그런 걸 계속하다 보면 '아, 저렇게 하는구나' 하고 남들도 우리를 인정해주겠죠. 남들이 생각한 대로 하는 것도 좋겠지만, 결국 우리만의 시각으로 정의하고 실행해보는 것. 스타트업이라면 더욱더 그런 시각을 갖춰야 한다고 생각합니다.

2 장

타깃 고객

누가 진정
우리의 고객인가

"저희는 철저히 배달음식을 시키는 사람이 누구인지,
그리고 어떻게 해야 그들을 즐겁게 해줄 수 있는지만 고민했습니다."

배민의 유저는
어떤 사람일까?

나이나 소득, 교육수준 등 인구통계(demographics) 자료에 근거해 타깃을 잡으면 하수下手다. 그런 자료가 타깃을 이해하는 데 도움은 되지만, 정작 왜(why) 구매에 이르는지는 설명하지 못한다. 타깃 고객을 인구통계자료로 규정하는 시대는 지났고, 그들의 '생각과 라이프스타일(VALS: Value And Life Style)'을 속속들이 파헤칠 수 있어야 한다. 즉, 우리의 타깃 고객이 무엇을 하며 시간을 쓰는지(Activities), 무엇에 관심이 있고(Interest), 세상 돌아가는 일에 대해 어떤 의견을 가졌는지(Opinion), 소위 AIO를 구체적으로 그릴 수 있어야 한다.

배민이 배달 앱에서 출발해 푸드 비즈니스로 영역을 넓힐 수 있었던 것도 자신이 만족시켜야 할 대상이 어떤 생각과 라이프스타일을 가지고 있는지 확실히 알고 있었기 때문으로 보인다. 배민은 과연 누구를 타깃으로 정하고, 어떻게 공략했을까?

단도직입적으로 묻자면, 어떤 사람들이 배민 서비스를 이용하나요?

저희도 앱을 만들면서 가장 먼저 '배달음식은 누가 시키지?'라는 질문을 스스로 했어요. 대한민국 사람이라면 한 달에 적어도 두세 번은 배달음식을 시키는데, 일반적으로 조직이나 모임의 막내가 시키죠. 팀장보다는 팀원이 음식을 주문하고요. 윗사람이 주문하는 경우는 거의 없죠. 그러다 보니 20~30대 초반의 사회초년생이 주문을 합니다.

그래서 자연스레 앱을 만들면서 그들의 마음을 사로잡을 문화코드를 담자고 생각했죠. 좀 더 구체적으로 표현하자면, 홍대문화나 B급코드에 익숙한 대학생이나 사회초년생이고요. 늘 어울리는 복학생 형이나 편안한 동네 형을 떠올릴 수도 있겠죠.

20~30대라고 해서 그런 문화적 특성을 다 가진 건 아니잖아요.

네, 저희가 생각한 고객의 특징은 B급문화에 익숙하고 〈무한도전〉을 즐겨보는 친구들이었어요. 사실 브랜드라고 하면 나이키, 애플 같은 거 생각하잖아요. 대부분의 브랜드가 고급스럽고 깔끔하거나, 젊고 역동적이거나, 둘 중 하나예요. 그런데 분명 키치함의 B급 영역에서도 소비가 이루어져요. 저희는 그걸 노렸어요. '왜 이쪽으로 안 넘어올까?' 하고요.

어차피 애플이나 나이키처럼 고급스럽고 깔끔한 영역에서는 승산이 없을 테니, 우리가 이 영역을 차지하자고 생각했죠. 아무도 없는 곳에서는 1등 할 수 있잖아요. 예전에 쌈지라는 브랜드가 그런

영역에 있었는데, 브랜드의 힘을 잃어가고 있었죠. 저희는 쌈지가 갖고 있던 유사한 느낌을 서비스로 가져올 수 있겠다고 생각해서 더 발전시켜 왔어요.

고객이 B급문화를 좋아하는 걸 알았다 해도, 그것을 배민의 서비스와 어떻게 엮을 수 있었죠?

고객이 가장 좋아할 만한 콘텐츠를 알고 있다는 것은 광고와 브랜딩에 상당히 유리해요. 배민의 유저들은 패러디, 키치, 웹툰, 짤방에 익숙하고, TV는 안 봐도 토요일 저녁에 〈무한도전〉은 사수하는 정서를 가진 사람들이에요. 친근하고 중독성 강한 B급문화를 좋아해요.

저희는 배달음식을 시키는 사람들이 배민을 좋아해주길 바라는 마음을 담아서 그들이 좋아하는 콘텐츠를 만들어요. 단순히 B급문화가 인기라서 흥미 위주의, 자극적인 영상이나 광고를 만드는 게 아니에요. 고객이 무엇을 좋아하는지 궁금해하고 그걸 만드는 과정에서 차곡차곡 브랜딩을 할 수 있었던 것 같아요. 역으로 고객 덕분에 배민에 어울리는 게 무엇인지 알게 된 셈이죠.

B급문화를 제대로 활용한 것이 배민의 중요한 성공요소네요?

그렇죠. 학술적으로는 다르게 표현할 수도 있겠지만, B급문화는 중요한 흐름 같아요. 저는 〈무한도전〉을 열심히 봤어요. 그걸 보면서 정말 혁신적인 프로그램이라는 생각이 들더라고요. 〈무한도전〉이

배민다움을 만든 B급문화

배민의 성공을 파악하려면, 'B급문화'에 대한 이해와 공감이 필요하다. 'B급문화'는 촌스러움, 어설픔, 유치함 등으로 대변되는데, 여기에는 고상하고 세련된 '고급문화'에 대한 야유와 조롱이 들어 있다. 교양이나 진지함에 대해 거부감을 드러내며 의도적으로 싼티, 촌티, 날티를 표방하는 문화여서, 특히 온라인과 소셜미디어에 익숙한 20~30대가 B급 메시지에 열광한다.

몇 년 전부터 다양한 장르에서 B급문화나 코드를 부쩍 많이 접하게 된다. 공통점은 진부하거나 완벽하지 않다는 것이다. 웹툰에서는 기승전결이라는 도식을 무시한 병맛 코드가, 가수 중에서는 싸이가, 걸그룹 중에서는 크레용팝 등이 B급문화의 대표 주자일 것이다. 크레용팝은 예쁘고 귀여운 걸그룹 사이에서 우스꽝스러운 트레이닝복 의상에 오토바이 헬맷을 쓰고 개성 넘치는 연출로 어필했다.

〈무한도전〉은 '평균 이하의 남자들'이 '별다른 의미는 없으나 재미있는' 도전과 경쟁을 벌인다는 점에서 B급문화의 대표 프로그램이다. 배민은 그러한 문화에 열광하는 막내들의 취향을 저격함으로써 패러디와 키치라는 배민스러움을 만들어냈다. 그리고 그 막내들은 기다렸다는 듯이 여기에 부응했다.

전에는 장동건처럼 잘생긴 사람이 TV에 메인으로 나왔잖아요. 프로그램도 탄탄하게 짜인 대본 아래 돌아가고요.

일반적인 프로그램은 카메라 2~3대가 2시간 동안 찍어서 4~6시간짜리 필름을 편집한 것이잖아요. 그런데 〈무한도전〉에서는 5명의 출연자마다 카메라 2~3대가 붙어 몇 시간이고 막 떠들게 하죠. 카메라 20대가 돌아간다고 치면, 100시간짜리 소스를 재료로 만들어낸 프로그램이니까 훨씬 볼거리가 풍성하죠. 그걸 다 녹화하면 오디오도 엉켜 있고 난리가 아닐 텐데, 그 위에 자막을 넣고 모든 혼을 쏟아 재미있게 편집하잖아요. 〈무한도전〉의 자막은 정말 예술이에요. 그래서 어떤 생생함 같은 것들이 살아 있죠.

그전까지는 박명수나 노홍철 같은 캐릭터는 MBC 같은 메인 방송국에서 주된 역할을 하지 못했잖아요. 오랜 시간 동안 나올 기회가 거의 없었죠. 그런데 어느 날 그런 게 먹히는 게 보이더라고요. 처음에는 오래가지 못하고 끝날 줄 알았어요. 저도 처음 〈무한도전〉 볼 때 되게 낯설었거든요. 왜 저런 프로그램이 메인 스튜디오에 있지?

그런데 두세 번 보니까 너무 재미있는 거예요. 완전 중독되어서 마니아가 되었죠. 〈무한도전〉이 자리를 잡은 다음부터는 그런 흐름을 다른 방송국에서도 따라 하면서 메인 트렌드가 됐고요. 그런 마니아 프로그램들이 시청률 1위를 한다는 데 엄청난 충격을 먹었죠.

그때 생각했어요. 인터넷 서비스가 꼭 애플처럼 깔끔하고 점잖을

배민 문화의 힌트가 된 〈무한도전〉

김봉진 대표의 말처럼 〈무한도전〉은 새로운 문화적 흐름을 만들었다. 이는 주류와 비주류로 나뉘는 사회의 분위기와도 관련이 있다. 여기서 잠깐 《B급문화, 대한민국을 습격하다》라는 책에서 이형석 기자가 〈무한도전〉에 대해 어떻게 설명했는지 들어보자.

"주류主流사회에서 많은 이들이 집착하고 순위를 가리며 악착같이 이루려는 목표가 〈무한도전〉 멤버들이 성취하려고 하는 임무보다 숭고하고 위대한 것이라 할 수 있을까? 〈무한도전〉의 멤버들이 쓸모없는 목표에 죽기 살기로 매달리는 순간, 주류의 획일적인 잣대야말로 우스운 것이 되고, '꼴찌의 도전'은 숭고하고 감동적인 드라마가 된다.

잘난 소수, 선천적인 재능을 갖고 태어난 우등생, 부모로부터 우월한 유전자와 최고의 교육조건을 물려받은 이들이 1, 2등을 다투는 '그들만의 리그'에서 빠져나와 가진 것은 맨몸과 투지뿐인 세상의 모든 열등생들이 펼치는 도전, 무엇이 더 가치 있는 일이라고 어느 누가 재단할 수 있을 것인가?

〈무한도전〉의 무모한 임무는 '잘난 1%의 자기 과시'가 아닌 '세상 모든 꼴찌들의 존재 증명'이다. 수단과 방법을 가리지 않고 정상에 오른 1등 인생만을 기억하는 '무한 경쟁'이 아니라 세상

의 대다수인 비주류 인생들을 응원하는 따뜻한 연대다. 도전 자
체가 황당하고 무가치하게 보일수록 〈무한도전〉 멤버들의 도전
이 더욱 숭고하고 통쾌한 이유다."

필요가 없다. 기존에 짜인 쇼 프로그램처럼 할 필요도 없다. 그냥
재미있게 할 수도 있겠단 확신이 들었어요.

〈무한도전〉 프로그램의 성공을 꽤 의미 깊게 보았군요. 그 밖에 〈무한도전〉
이 배민에 주는 또 다른 레슨이 있나요?
〈무한도전〉의 장기적인 성공의 한편은 김태호 PD가 일관되게 추구
해온 '병맛' 덕분이라고 생각해요. PD가 교체되면 프로그램의 성격
도 변하는데 〈무한도전〉은 김태호 PD가 지속적으로 끌고 왔으니까
요. 게다가 처음부터 메인 PD도 아니고 버려진 프로그램을 받았다
고 하더라고요. 방송국에서 중요하게 여기지 않았던 건데 자기 스
타일대로 계속 끌고가면서 개성이 쌓인 거죠.
　저는 그런 게 '브랜드'라고 생각해요. 한 번 만든 컨셉을 한 단계
한 단계씩 계속 쌓아가면서 자기 걸 만드는 거요. 마케팅만 해도 많
은 기업에서 분기마다 다른 캠페인을 진행하고는 별다른 효과가 없
으면 없애버리곤 하잖아요. 그러니 브랜드 자산이 별로 남지 않죠.
다음 분기에는 또 새로운 걸 만들어서 전혀 다른 메시지를 전달하

고. 그때그때 매출액은 올라갈지 몰라도 그 브랜드에 대한 어떤, 그러니까 교수님께서 말씀하신 페르소나 같은 게 생기지 않아요. 그런데 〈무한도전〉은 확실한 페르소나가 존재하죠.

배민은 어떤 페르소나를 갖고 있죠? 고객에게 어떤 사람으로 보이고 싶어요?

유명인에 비유하자면, 손석희 앵커보다는 개그맨 박명수가 맛집을 더 많이 알 것 같지 않아요? 예를 들어 모든 것을 바르게 알고 항상 정확한 검색결과를 보여준다는 면에서 네이버는 손석희 같죠. 모르는 걸 물어보면, 알고 있는 걸 다 말해줄 것 같은 사람이요. 그런데 배민은 조금 모자란 듯 보여도 친근한 형 박명수가 떠올라요. 그런 면에서 저희 페르소나는 막내들이 대하기 어렵지 않은 친근한 동네 형, 소통하기 쉬운 복학생 형이에요.

음식 주문할 때, 시키자고 하는 사람은 윗사람이지만 최종적으로 어떤 방식으로 시키는지를 결정하는 사람은 오히려 막내예요. 페북과 인스타그램 시대를 살아가는 20대 막내와 잘 지낼 수 있는 '친근한 동네 형' 같으면 좋겠죠.

사실 저희가 스토어 이벤트나 고객 프로모션을 하는 것도 전부 고객과의 소통이에요. 비싼 고가의 선물이 아니라 왠지 좀 찌질한 것 같은데 내 마음을 절묘하게 읽은 선물을 받으면 부담 없고 기분 좋잖아요. 저희는 고객과 비슷한 환경에 있는 또래라는 느낌을 주고 싶어요.

페르소나가 느껴지는 기업에 호감을 갖는다

사람들은 각기 다른 성격(personality)이 있으며, 개인의 진짜 성격은 자신마저도 완전히 파악하기 어렵다. 그런데 사람들이 자기의 성격대로만 사는 것은 아니다. 예컨대 내향적이라 해도 필요에 따라 외향적인 사람처럼 행동하듯, 성숙한 사람들은 자신의 성격을 기업과 사회가 요구하는 방향으로 만들어간다.

이렇게 만들어진 성격을 페르소나(persona)라 하는데, 잘 생각해보면 사람들은 페르소나를 상대방의 성격이라고 생각하며 그에 맞춰 반응한다. 그러므로 제대로 성숙한 성인이라면, 성격의 단점을 보완하고 페르소나를 잘 가꾸어야 한다.

마찬가지로 소비자들도 브랜드의 진정한 성격(brand personality)을 모두 파악하는 것은 아니다. 단지 브랜드가 소비자에게 전달한 이미지(brand persona)를 인식하고 그에 상응하는 반응을 할 뿐이다. 그러므로 페르소나를 치밀한 계획 아래 전략적으로 잘 구성하는 것은 대단히 중요하다.

'애플은 천재 같다'라거나 '구글은 캐주얼하다'라고 말한다면 많은 사람들이 수긍할 것이다. 또는 '다이소는 값이 싸다'라거나 '삼성은 품질이 좋다'라고 말해도 사람들이 수긍할 것이다.

그런데 '천재 같다'거나 '캐주얼하다'라는 표현은 사람에게 써도 어울리는 말이지만, '값이 싸다'거나 '품질이 좋다'는 표현은 사람에게 대고 쓰기엔 적절치 않다. 바로 애플이나 구글은 페르소나가 있는 것이고, 다이소나 삼성은 없다는 방증이다. 《라이코노믹스(*Likeonomics*)》의 저자 로히트 바르가바Rohit Bhargava는 페르소나가 뚜렷한 기업은 사람들의 호감을 사며, '호감이 전략을 이긴다'고 주장한다.

타깃을 넓혀갈 의도는 없나요?

네, 필요성을 크게 느끼지 않습니다. 제가 디자인하면서 훈련했던 방법과도 관련이 있는데요. 배민의 UI 등을 보면 20대가 좋아할 만한 거잖아요. 제가 디자이너들에게 이렇게 물어봐요. '만약 40대 주부나 50대에 맞는 디자인으로 바꾼다면 어떻게 해야 할까요?', '채도를 낮추고 폰트 사이즈를 키우면 50대가 좋아하는 디자인일까요?', '대체 50대를 타깃으로 한 디자인의 기준은 누가 어떻게 만드는 겁니까?' 그리고 왜 그렇게 생각하냐고 묻죠. 더 깊이 이야기해보면, 결국에는 50대 분들도 마니아적인 디자인을 좋아할 수 있다는 걸 알게 돼요. 결코 연령의 문제가 아니라 스타일과 가치관의 문제이죠.

저희는 20대를 타깃으로 하지만, 40~50대 분들이나 혹은 대기업 임원들도 저희 배민의 브랜드 제품을 보면서 막 재미있어하시는 분이 많아요. 가령 '이런 십육기가 USB' 같은 거요. "와, 이거 완전 내 스타일이에요"라며 즐거워하세요. 우리는 분명 20대를 타깃으로 했는데요. 이런 일들을 겪으면서 저희가 내린 결론은 '모든 사람을 만족시키려면 아무도 만족할 수 없고, 단 한 사람을 제대로 만족시키면 모두가 만족한다'입니다. 모두에게 맞추려고 하는 순간, 누구도 만족시킬 수 없을 거예요.

고객에 대한 이해가 부족해서 실패한 적은 없었나요?

생각해보면 너무 많죠. 그때 이렇게 했더라면 우리에게 유리했을 텐데 하고 생각하는 것들도 있고요. 그때마다 저희에게 투자해준 장병규 대표님의 인생 지론을 떠올리는데 "역사에 가정이란 없다"예요. 과거를 돌이켜보면서 후회하지 말고 그냥 지금 있는 상태에서 좋은 답을 찾으려고 노력해야 한다고 강조하시죠.

　저 역시 그 말을 항상 기억해요. 그런 측면에서 과거의 실패를 감추거나 그러진 않아요. 학생들을 상대로 강의하다 보면 배민의 잘된 부분만 많이 물어봐요. 하지만 저는 실패 사례도 이야기하려 해요. 사실은 저희가 일본 사업에서 좀 안 됐어요. 일본에서 '라인'이랑 합작해서 '라인 와우'라고, 배민라이더스처럼 배달이 안 되는 레스토랑 음식을 대신 배달해 주는 서비스였어요. 우리 구성원들도 많이 투입됐지만 실패로 끝났죠.

타깃이 작을수록, 큰 힘을 받는다

타깃을 설정할 때는 '실제적인 타깃'은 차치하고 '이상적인 타깃 (ideal target)'을 먼저 구체화하는 게 중요하다. 이때, 이상적인 타 깃은 되도록 좁혀 잡아야 한다. 제품과 서비스를 개발할 때 머 릿속에 그려야 할 구체적 대상이 명확해지면 차별화의 구심점이 될 수 있기 때문이다.

대부분의 이자카야 매장에서는 막연하게 20~40대 남성을 타 깃으로 하는 데 반해, 와라와라는 '27세 오피스 레이디'가 타깃 이다. 입맛은 다소 까다로울지언정 한번 만족하면 SNS에 사진을 올리는 등, 홍보대사 역할을 톡톡히 해주기 때문이다. 그들은 이 벤트나 프로모션에도 잘 호응하며, 재방문율도 높다. 많이 마시 고 취하기보다 다양한 맛을 즐기는 그들을 위해 와라와라는 도 수가 높지 않은 과일주와 그에 걸맞은 안주메뉴를 개발했고, 긴 머리 여성을 위한 헤어밴드나 짧은 치마 여성을 위한 무릎담요 등을 세심하게 준비했다.

그 결과, 와라와라 고객 중 '이상적인 타깃'인 20대 후반 여성 은 30%에 못 미치지만, 그들이 만든 분위기 때문에 '실제적인 타 깃'인 다른 연령층이나 남성들이 몰려들어 성황을 이룬다. 마케 팅의 선수들은 '이상적 타깃'을 뮤즈(Muse)라 일컫는다. 뮤즈는 원래 '작가나 예술가에게 영감을 주는 여신'을 의미하지만, 오늘날에는 '마케터에게 영감을 주는 타깃'의 의미로 쓰인다. 뮤즈를 설정하면, 마케팅 활동의 그림이 선명해진다.

스타트업은 되도록 작은 시장을 목표로 해야 한다. 작은 시장이라 함은 욕심을 줄이라는 말이 아니다. 목표를 정밀 타격(pinpoint)해야 한다는 것이다. 도쿄 오모테산도의 비탈진 언덕에는 1927년에 지은 '도준카이 아오야마'라는 오래된 아파트가 있었다. 이를 건축가 안도 다다오에게 의뢰하여 아파트를 주상복합 상가로 재건축하게 된다. 사실 이 지역은 언덕길이고 한 면이 250미터나 되는 비대칭의 좁은 삼각형 모양인데다, 건물의 높이를 가로수 이하로 해야 한다는 공간창출에 매우 힘든 제약조건을 지니고 있었다. 천재적인 안도 다다오는 가로수 높이인 지상 3층만큼 지하 3층을 만들고 언덕의 완만한 경사대로 나선형의 계단이자 동선을 만듦으로써, 느티나무 가로수 길의 차분한 분위기를 해치지 않으면서 미래지향적인 주상복합 상가지역을 탄생시켰다. '마이너스 10살의 사고를 가진 어른들'을 타깃으로 개장한 '오모테산도 힐즈'는 나이가 들어도 멋쟁이로 살고 싶어 하는 사람들로 늘 북적이고 있다.

미국의 한 코미디언이 한 말이 떠오른다. "나는 성공의 열쇠는 모른다. 그러나 모든 사람을 즐겁게 하려고 노력하는 것이 실패의 열쇠라는 것은 안다(I don't know the key to success, but the key to failure is trying to please everybody)."

실패의 원인이 뭐라고 생각하세요?

일단 저희가 시장과 소비자에 대해 너무 몰랐다는 생각이 들었어요. 일본에는 편의점이 정말 잘되어 있잖아요. 젊은 친구들이 점심을 주문하기보다는 편의점에 가서 도시락을 사먹으며 식사를 가볍게 해결하는 라이프스타일을 간과한 것 같아요.

사실 편의점이라는 경쟁자가 있어도 어느 정도까지는 성장할 수도 있었을 거라 생각해요. 다만 저희의 가장 큰 패착은 처음부터 너무 많은 인력을 투입한 것입니다. 잘될 거라고 쉽게 생각했으니까요.

거기서 어떤 교훈을 얻었나요?

초기에 서비스를 만들 때에는 가벼운 몸집으로 시작해야 한다는 교훈을 또 한 번 깨달았어요. 양쪽 다 확신에 차서 너무 많은 자원을 투입했으니까요. 저희도 라인도 처음에는 실적을 따지지 않기로 약속했는데, 인력을 많이 투입하고 나니까 자꾸 실적을 거론하게 되더라고요. 우리 쪽에서도 거의 10명 이상이 들어갔어요, 초기 모델인데도. 그쪽에서도 그만큼 들어왔고요. 그러니까 자꾸 실적 이야기가 나올 수밖에요.

출자한 자본금이나 투여된 리소스가 자꾸 생각나고, 1년이 지나도 성과가 약하니 힘들었죠. 저는 그래도 장기적으로 갈 수 있을 거라고 생각했는데, 실적평가를 견뎌내기가 어려웠어요.

돌이켜보면, 배민도 처음에 정말 가볍게 시작했기 때문에 잘됐다는 생각이 들어요. 그래서 지금은 신규사업을 할 때 최소한의 리

소스와 최소한의 자본으로 일단 어느 정도까지는 버텨보려고 해요. 나중에 보니까 경영학의 아버지 피터 드러커도 같은 이야기를 했더군요, 일을 시작할 때는 가장 작은 규모로 가장 가볍게 시작하라는.

혹시 다른 실패 경험도 있어요?

기업대상 법인결제 모델인데요. 회사에서 배민에 법인으로 등록하면, 그 회사의 전 직원 ID를 등록해요. 그 회사 직원들이 배민을 통해 음식을 시키면 회사로 자동 청구되죠. 나중에 회사 재무팀이나 총무팀에서 정산해주도록 하는 프로그램을 만들었는데 잘 안됐어요.

잘될 것 같은데, 왜 안 되었을까요?

네, 그렇죠? 회사에서도 총무팀에서도 다들 괜찮을 것 같아서 계약은 했는데, 직원들이 막상 서비스를 별로 안 쓰더라고요. 그래서 직원들에게 왜 안 쓰냐고 물었더니, 몰랐다는 거예요. 기존의 음식 시키는 방식을 바꾸어 습관으로 만들어주는 게 중요한데, 회사 차원에서는 이 서비스를 직원들에게 굳이 열심히 알려야 할 이유가 없는 거예요. 우리가 회사 사람들에게 일일이 홍보할 수도 없었고요.

다른 실패 사례로는 '캠퍼스 밥'이라고, 대학생에게 매일매일 구내식당의 메뉴 정보를 알려주는 것도 있었어요. 그때는 학생들이 많이 몰리면 그 안에서 비즈니스 모델을 찾을 수 있을 거라 생각했는데 잘 안 되더라고요. 결국에는 비즈니스 모델을 못 찾고 접었어요.

가장 기억에 남는 실패로는 정말 말도 안 되는 스포츠 중계 서비스가 있었어요. 저희가 판도라 TV와 함께 야구 TV, 프로야구를 보여주는 서비스, 스포츠 생중계하는 서비스를 만들었죠. 그것도 광고비를 받는 데 실패했어요.

지금 생각해보면 왜 했을까 싶기도 한데요. 그때는 야구 보는 사람들이 치맥을 먹으니까 중간 중간에 광고를 넣어주면 좋겠다는 의도에서 시작했어요.

하지만 이런 실패에도 불구하고 저희는 계속 실험하는 게 중요하다고 믿어요. 타석에 계속 올라가서 스윙을 해야 안타도 나오고 홈런도 나오고, 번트라도 나오니까요.

작은 실패를 수정해서 성공한 예는 어떤 것이 있나요?

실패한 것 중에 푸드박스라는 사업이 있었어요. 사람들이 좋아할 음식을 큐레이션해서 만드는 거예요. 푸드 종합쇼핑몰 같은 개념이죠. 푸드박스를 내부에서 만들었는데 좀 엉성해서 서비스를 제대로 못하고 접었어요.

그냥 관두기는 아까워서 유사한 서비스를 하는 곳을 찾다가 덤앤더머스를 만났죠. 당시 덤앤더머스는 이 분야에서 어느 정도 자리를 잡은 상태였어요. 저희는 이 사업이 전망 있다고 보는데, 우리가 직접 하려는 게 잘 안 됐으니 같이 해보자고 제안했고, 결국 합

타깃 고객   누가 진정 우리의 고객인가

병했죠. 그래서 배민프레시가 되었어요.

작은 실험을 많이 하셨군요.

배민은 운 좋게, 괜찮은 아이템으로 시작했잖아요. 매우 체계적으로 분석하고 논리적으로 따져서 만든 서비스도 아니었고, 시대적 흐름과 운이 맞은 측면도 크다고 생각해요. 창업한 회사가 정말 오래갈 수 있는지는 두 번째, 세 번째 사업이 성공하느냐에 달려 있거든요. 실제 대부분의 잘되는 회사들은 첫 번째 모델만으로 가는 게 아니라 두 번째, 세 번째 모델이 따라붙어 줘야 해요.

우리 회사로 따지면, 배민라이더스랑 배민프레시가 그 역할을 하고 있죠. 배민라이더스는 일반적으로는 배달을 안 하는 음식점의 음식을 먹고 싶은 곳으로 직접 배달해주는 서비스이고요. 배민프레시는 배민이 직접 만든 반찬이나 국, 또는 집에서 간단히 조리해 먹을 수 있는 식재료 등을 정기적으로 배달하는 서비스예요.

새로운 모델을 찾기 위해서는 계속 스윙을 해야만 뭐가 맞는지를 알 수 있어요. 끊임없이 고객을 탐색하고 새로운 사업을 시도해 가야죠.

어떻게 해야
고객의 신뢰를
얻을 수 있을까?

대부분의 O2O 사업에는 두 부류의 고객이 있다. 제품이나 서비스를 공급하는 가맹점(client)과 그를 사용하는 최종 소비자(end user)이다. 이 둘의 목적과 기준은 서로 다르므로, 이 둘을 동시에 만족시키고 신뢰를 얻는 데는 부단한 노력이 필요하다. 배민의 고객도 서비스 이용자만 있는 것이 아니다. 배민을 통해 주문을 받는 가맹점주들 역시 배민의 고객이다. 그들의 장사가 잘되어야 맛집이 늘어나고, 고객들이 맛있는 음식을 많이 시켜야 배민의 수요도 늘어날 것이다.

배민 이용자를 위한 목표가 편리한 서비스를 제공하는 것이라면, 사장님을 위한 목표는 수익창출의 기회 제공일 것이다. 배민은 소비자와 사장님 모두에게 즐거움과 이익을 돌려줘야 하는 과제를 안고 있다. 배민의 또 다른 고객인 사장님들과는 좀 더 돈독한, 다른 성격의 '신뢰'가 필요하다.

타깃 고객　누가 진정 우리의 고객인가

배민에는 두 종류의 고객이 있잖아요. 이제껏 배민을 쓰는 유저들에 대해 이야기했는데, 배민에 등록한 가맹점주들과는 '고객접점'이란 차원에서 어떻게 대하고 있어요?

사장님(가맹점주)들이 가장 본질적으로 원하는 것은 매출 증대예요. 저희와 함께함으로써 돈을 얼마나 더 벌 수 있는지를 알려주는 게 중요하겠구나 생각했죠. 그래서 처음에 저희를 통해 주문을 받으면 사장님이 전화를 받았을 때 '배달의민족 콜!'이라는 멘트를 듣게 했어요.

소비자들이 자꾸 배민을 통해 주문전화를 하니까 사장님들도 배민이라는 창구에서 매출이 상승한다는 걸 실감하면서 광고영역도 확장됐죠. 어쨌든 가장 핵심적인 부분은 사장님의 매출 증대인 것 같아요. 결국 돈을 더 많이 벌게 해드리는 선순환 구조를 만드는 것, 그 부분을 가장 많이 신경 써야 하죠.

감정적 교류나 공감은 그렇게까지 중요하다고 여기지는 않나요?

물론 중요하죠. 그런 걸 하기 위해 현장매니저 제도가 있고, 면대면 영업도 많이 해요. 하지만 무엇보다 매출 증대가 우선이기 때문에 저희가 함께 해결해주려 노력해요.

가맹점주를 가게 운영이라는 측면에서 어떻게 도울 수 있나요?

여러 가지 행사를 하지요. 우선 '배민아카데미'를 2014년 11월부터 매달 1회 이상씩 하고 있어요. 배달음식점 중에는 아무래도 규모가 작은 곳들이 많아요. 제대로 된 교육을 받지 못하고 임기응변식으로 운영하는 곳들도 제법 있고요. 그런 소상공인 분들을 위해 배민을 제대로 활용하는 법은 물론, 고객 응대 스킬부터 노무 정보, 외식 경영전략까지, 심지어 스마트폰으로 음식사진 찍는 법 같은 것도 특강을 해요.

'자란다데이'라는 이름으로 전문가의 성공 노하우 강연을 열기도 하는데, 반응이 정말 좋아요. 총각네야채가게 이영석 대표, 피자알볼로 이재욱 대표, 국대떡볶이 김상현 대표, 청년장사꾼 김윤규 대표, 월향의 이여영 대표 등 자기 분야에서 성공한 전문가 분들이 나와서 본인만의 노하우랄까, 성공비결을 들려주죠.

이런 일들은 그저 형식적으로 지나가는 행사가 아니에요. 아주 구체적으로 하고 있어요. 이를테면 온라인에서 고객들을 어떻게 관리해야 하는지에 대해 아주 자세하게 알려드리죠. 혹평하는 리뷰를 봤을 때, 분노하기보다 어떻게 대처하면 좋을지 말씀드리고요. 사장님이 고객들과 얼마나 위트 있게 소통하느냐에 따라 실제 매출액도 달라져요.

'꽃보다 매출'이라는 행사도 하고 있어요. 배민 가맹업소 중 특정 업소를 선정해 가게 운영방법을 전수해주는 컨설팅이에요. '우리가게 CF'라고 해서 가게 특색을 살린 15초짜리 동영상 광고를 만들어주는 프로젝트도 했고요. 제작을 마친 광고는 배민 사이트에서도 소개하고, 사장님이 직접 온라인 카페나 블로그에 올릴 수 있도록 영상을 제공하죠.

모든 고객이 그렇겠지만, 사장님 고객들과는 신뢰가 특히 중요하죠?

네, 실제 가맹점 사장님들을 모시고 연말 시상식도 했어요. '2015 대한민국 배달대상'이라고 총 9개 부문 112명의 업주를 뽑았어요. 수상 부문은 1년간 우수 업소에 최다 선정된 '최우수상', 주문취소율이 가장 낮은 업소에게 돌아가는 '신뢰의 배달상', 댓글 관리에 탁월한 실력을 보인 업주에게 돌아가는 '커뮤니케이션상' 및 '인기업소상', '죽마고우상', '개근상', '쑥쑥자란다상' 등이 있어요.

연말 시상식은 배민 가맹업주와 가족 분들이 참석한 축제 같은 것이죠. 그분들이 한 해 동안 고객을 위해 음식을 준비했잖아요. 그날만큼은 사장님들이 주인공이죠. 그런 행사를 하면서 신뢰가 더 쌓이는 것 같아요.

가맹점주든 배민의 유저든 불만이 생기기도 하겠죠. 그건 어떻게 처리하고 대응하나요?

사장님들 불편사항은 핫라인으로 연결되어 있어서 고객지원실에서 전화로 처리해요. 고객 불편사항도 전화가 가장 편하기 때문에 전화로 받고 있어요.

접수된 불만사항은 리더 그룹들이 내용을 실시간으로 공유하며 처리과정을 지켜보지요. 그래도 부족한 점이 생기기 때문에, 그걸 고객접점에서 어떻게 해결해야 하는지가 저희의 끊임없는 숙제예요. 지난번에는 제 개인 페북계정으로 직접 메시지가 온 적도 있어요. 음식을 시켰는데 2시간 동안 안 와서 음식점에 연락했더니 '주

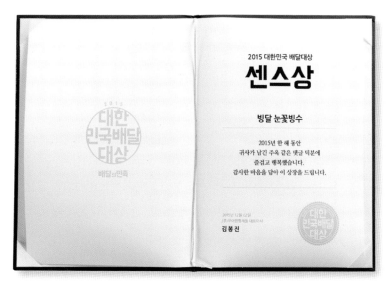

2015 대한민국 배달대상

센스상

빙달 눈꽃빙수

2015년 한 해 동안
귀사가 남긴 주옥 같은 댓글 덕분에
즐겁고 행복했습니다.
감사한 마음을 담아 이 상장을 드립니다.

2015년 12월 02일
(주)우아한형제들 대표이사
김봉진

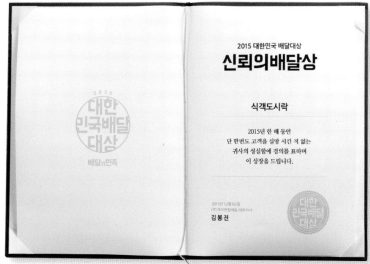

2015 대한민국 배달대상

신뢰의배달상

식객도시락

2015년 한 해 동안
단 한번도 고객을 실망 시킨 적 없는
귀사의 성실함에 경의를 표하며
이 상장을 드립니다.

2015년 12월 02일
(주)우아한형제들 대표이사
김봉진

칭찬은 고래도 춤추게 한다

가맹점주들은 모두가 VIP 고객이다.
단순히 거래업자로서의 성과뿐 아니라 그들의 삶을 진정으로
'인정'해줄 때, 진솔한 신뢰관계가 형성될 것이다.

문이 너무 많아서 어쩔 수가 없다'고 답변했대요. 갑자기 주문량이 늘어서 일일이 챙기지 못한 모양이에요. 큰일 났다 싶더라고요. 이런 데서 구멍이 생기기 시작하면 안 되잖아요.

그래서 파리바게뜨 전신인 삼미당 정신을 다같이 되새기고 있어요. '빵을 수백만 개 만들어도 고객은 빵 하나로 평가한다'는 거요. 주옥같은 말이죠. 우리는 수십만 건의 주문을 취급하지만 고객들은 하나하나의 주문이 자신의 소중한 체험이잖아요. 고객 입장에서는 아이들이 시험 백점 맞아서 칭찬해주고 싶어서 음식을 시켰는데 2시간 만에 올 수도 있어요. 유치원에서 친구들과 싸우고 우울한 아이를 위로해주려고 치킨이나 짜장면, 탕수육을 시켰는데 1시간 반 만에 왔다면 얼마나 짜증나고 실망하겠어요.

그래서 등장한 것이 '우동 한 그릇' 프로젝트인가요?

네, 맞아요. 왜 일본 단편소설 중에 〈우동 한 그릇〉이라는 이야기가 있잖아요. 우동집에 가난한 엄마와 두 아들이 와서 우동 한 그릇을 시켰는데, 주인이 온정을 베풀면서 손님이 부끄러워하지 않도록 우동을 여러 그릇 더 주는 대신 한 그릇에 넉넉하게 담아줬다는.

저희가 그 주인처럼 고객의 마음이나 상황을 읽어야 한다는 취지에서 시작했어요. 불만이 있다고 해서 그걸 바로바로 따지는 고객은 생각보다 많지 않아요. 오히려 혼자 실망하고 끝내버리죠, 다른 데서 이야기하거나. 그런데 그게 훨씬 더 위험하죠. 그래서 '우

적을 가까이 하라

만년적자에 허덕이던 SAS 항공을 단번에 턴어라운드시킨 얀 칼슨Jan Carlzon 사장이 〈비즈니스 위크〉와의 인터뷰에서 했던 말을 옮겨본다. "우리가 조심한다고는 하지만, 우리도 인간이다 보니 하루에도 수없이 많은 짐을 잃었다가 찾곤 합니다. 그런데 우리는 승객의 짐을 찾아주는 문제해결로 그치는 것이 아니라, 짐을 잃고 걱정하고 염려했을 그들의 마음을 충분히 공감하면서 진심어린 사과를 합니다. 그렇게 하면 짐을 잃었던 고객들은 우리에게 등을 돌리는 게 아니라 오히려 우리의 영원한 충성고객이 됩니다."

미국의 고객만족 조사기관인 TARPTechnical Assistant Research Program가 진행한 수많은 연구 결과도, 제품이나 서비스에 불만족스러웠던 고객에게 신속하고 적절하게 대응을 잘해주면 확실한 충성고객이 된다는 사실을 증명한다.

영화 〈대부Godfather〉의 주인공 마피아 두목인 마이클 클리오네가 한 멋진 말을 다시 새겨보자. "친구를 가까이 두어라, 그러나 적은 더 가까이 해라(Keep your friends close, but your enemies even closer)." 한때는 적과 같던 사람에게 잘 대해주어 마음을 돌리면 친구보다 더 충직한 지인이 되듯이, 우리에게 불만을 가진 고객들의 마음을 돌리도록 정성을 기울인다면 오히려 확실한 우리 고객이 될 수 있다는 의미일 것이다. 그러니 이제 불만을 토로하는 고객이 있거든, 귀찮아하기보다 우리의 소중한 친구로 만들어보자. 그들의 쓴소리야말로 우리 기업의 가장 소중한 자산인 것이다.

동 한 그릇' 프로젝트라는 걸 시작했어요.

페이스북, 트위터, 카페 같은 곳에 고객들이 저희에 대한 불만을 올린 걸 찾는 거예요. '배달의민족', '배민' 등 관련 키워드로 검색하면 다 나오거든요. '어제 배민으로 시켰는데 음식이 늦게 와서 완전 짜증났어요' 같은 글이요. 그럼 저희가 다음 날 먼저 글 올리신 분들에게 어제 이런 내용을 올렸던데 어떤 불편사항이 있었는지 여쭤봐요. 제대로 물어보고 해결 가능한 문제인지 확인하죠.

그리고 죄송하다고 사과하고 쿠폰을 드릴 테니 다음에 즐겁게 이용해주시면 좋겠다고 말씀도 드려요. '우동 한 그릇' 프로젝트를 시작한 지 두 달 지났는데 조금씩 더 좋아지는 기미가 보여요. 모두를 만족시킬 수는 없겠지만, 그래도 서비스를 운영하는 팀들이 고객에게 감동을 드리려고 노력해요.

고객 유치보다 고객 유지

'호프집'이란 맥주가게를 처음 만들고 성공시킨 이는 오비맥주의 이영길 부사장이다. '경영의 신'이라 불릴 만큼 지혜로워 큰 회사든 작은 회사든 잘 키운다.

그분이 은퇴 후에 하신 작은 사업 중 하나가 깡장집을 만든 것이다. 강남의 뒷골목에서 시작했는데, 비벼 먹기 좋게 양념한 된장을 만들어 야채를 함께 넣고 비벼 먹으면 점심 한 끼로는 족하다.

그 음식점을 처음 만들었을 때, 어떻게 홍보하시느냐고 물었다. 강남에서 신장개업하면 부채나 라이터, 휴지 등을 나눠주며 홍보하던 시절이었다. 그랬더니 하시는 말씀이 "그런 거 필요 없고요, 신장개업하면 샐러리맨들이 지나가다 한 번은 들르거든요. 한 번 들른 사람이 '음식 맛있군, 가격도 착하고…'라고 느껴서 '다음에 또 와야겠다' 그 생각만 하게 만들면 돼요."

'고객 유치'보다 더 중요한 것이 '고객 유지'이며, 늘 염두에 두어야 하는 것은 고객평생가치(CLV: Customer Lifetime Value)이다. 이는 누군가가 어느 기업의 고객으로 머무는 기간 동안 창출하는 총이익을 의미한다. CLV의 관점에서 보면, 고객을 새로 개발하는 데 드는 마케팅 비용보다 재거래 고객을 유지하는 비용이 저렴하며, 거래금액이 적더라도 거래 빈도가 높은 고객이 더 가치가 있다.

아울러 재거래 고객이 다른 고객에게 상품이나 서비스를 추천하는 고객추천가치도 고려해야 한다. 추천가치의 중요성을 인식하여 이를 '순수 추천고객 지수(NPS: Net Promoter Score)'로 계량화하여 관리하기도 한다.

배민이 서비스에 정말 신경을 많이 쓰시는데, 고객의 요구수준은 점차 높아지잖아요. 그럼 그다음에 또 뭘 할지도 생각해 보셨어요?

고객과의 약속이라는 차원이 아니어도 '더 좋은 음식, 더 다양한 음식을 편하게 먹을 수 있게 해주는 건 정말 중요하다'고 믿어요. 배민라이더스를 하는 이유이기도 하고요.

배민 앱이 2000만 다운로드를 넘었어요. 한 명이 중복해서 받을 수 있다는 걸 감안해도 엄청난 수치잖아요. 그중에는 진짜 배달음식을 좋아해서 시킨 사람들도 있을 테고, 회사에서 야근이 많아서 배달음식을 먹는 사람들도 있을 테고, 친한 사람들하고 모여서 축구 보면서 먹는 사람들도 있겠죠.

뭐가 됐든 간에 더 좋은 음식과 행복한 시간을 제공해줄 수 있는 플랫폼이 되어야겠다고 생각해요. 플랫폼에 들어오게 하는 것도 중요하지만, 머무르게 하는 것도 중요한 문제니까요.

2부

외부 마케팅 :
일관되게 보여준다

3^장

커뮤니케이션
어떻게 사람들에게
파고들 것인가

"한 명만 감동시키면 모두를 감동시킬 수 있습니다."

배민만의 감성을
어떻게
전할 수 있을까?

배민은 처음부터 자금을 모아서 정식으로 차린 회사가 아니라 배달 앱을 만들기 위해 꾸린 팀이었다. 당연히 앱을 출시한 후에도 멤버들 모두, 각자 회사를 다니고 있었다. 그렇게 탄생한 앱이 이틀 만에 앱 스토어에서 다운로드 1위를 했다. 인정을 받았으니 당연히 좀 더 많은 사람들에게 알려야 했지만, 자금이 없어 마케팅이나 제대로 된 프로모션은 꿈도 꿀 수 없었다.

'프랑스 사람스러움'이나 '독일제품다움'이라 하면 머릿속에 탁 떠오르는 이미지가 있을 것이다. 이를 문화적 정체성(cultural identity)이라 일컫는다. 이와 마찬가지로 브랜드 중에도 자기 고유의 문화적 정체성을 창출한 브랜드가 많다. 스와치, 레고, 애플, 벤츠, 나이키 등의 브랜드들은 이러한 '다움'을 창출하고 지켜간 덕에 사랑받는 장수 브랜드로 자리 잡았다.

문화적 브랜드란 고상한 그 무엇을 창출한 것이 아니다. 특정 세분 시장 및 시대의 감성과 잘 호흡한 브랜드일 뿐이다. 그러한 이미지는 음악이나 스포츠, 스토리나 디자인을 통해 구현된다. 제대로 된 준비도 없이 시작한 배민이 어떻게 오늘날처럼 화제가 되는 문화적 정체성을 다져갔는지, 지금부터 살펴보자.

처음에 어떻게 마케팅을 해야 할지 막막하지 않았어요? 대단히 고민이 많았을 것 같은데요.

고민될 수밖에 없죠. 돈도 없는데 서비스에서 1등은 했고. 마케팅이나 프로모션을 해봐야 하잖아요.

그런데 어느 날 눈이 되게 많이 왔어요. 그래서 장난 비슷하게 그런 생각을 했어요. '경품으로 눈 치우는 도구인 넉가래를 준다면 사람들이 응모를 할까?' 넉가래는 1만 5000원밖에 안 해요. 그런데도 사람들이 "얘네 진짜 이상하다" 그러면서 응모를 하더군요. 저도 엄청 신기했어요.

한 달 동안 제법 많은 사람들이 응모했고, 당첨된 고객에게 제가 전화를 했어요. "고객님, 축하드려요. 넉가래 당첨되셨어요. 넉가래 보내드릴 테니 주소를 알려주세요." 그랬더니 필요 없대요. 재미로 했으니 안 받아도 된대요. 결과적으로 돈 한푼 안 들이고 마케팅을 성공적으로 했어요. 놀랍지 않나요?

처음 벌인 행사에서 타깃 고객의 눈길을 끌었군요. 그때 배운 점이 있나요?

네, 요즘도 그렇지만, 회사마다 주는 경품은 엇비슷해요. 그래서 어느 회사에서 준 건지 기억에 잘 남지도 않잖아요. 당시에는 '이벤트 경품' 하면 '아이패드'가 떠오를 만큼 많이 줬는데, 경품의 수준을 높여서 명품 백이나 고급 승용차를 줘도 마찬가지예요. 누가 타갔다고 화제가 될 순 있어도 히스토리가 되진 않죠. 어마어마한 경품만 기억하지 누가 그 회사를 기억하겠어요. 결국 논의 끝에 배민의 고객이 좋아할 만한 것 중, 배민다운 경품을 주자는 의견이 나왔어요.

배민의 브랜드 컨셉이 '키치'와 '패러디'잖아요. 경품을 보면서 20대가 공감하고 좋아할 수 있어야죠. 새해에는 '다 때가 있다'라는 문구가 적힌 하얀 때수건을 주었고, 신학기에는 '칙칙한 복학생'들을 위해 키높이 깔창과 비비크림을 묶어서 선물하고… 경품 자체가 의외성이 있고 독특하니까 사람들이 열광적으로 좋아하면서 팬덤(fandom)이 생기더라고요.

결국 고객의 심리와 생활패턴을 꿰뚫고 있어야 하는 거네요.

그런 비슷한 마케팅을 참 많이 진행했어요. 그 무렵 비타500이 걸그룹 소녀시대와 콜라보레이션을 했는데요. 각각의 병에 소녀시대 멤버 한 명의 사진이 붙어 있는 거예요. 배민이 타깃으로 하는 사회의 막내, 어린 친구들이 모으고 싶어 할 거 아녜요. 사실 저도 모으고 싶었거든요.

그러면 우리가 대신 모아주자 해서, 편의점과 약국을 돌아다니

대중과 호흡하는 키치

'키치'의 원래 의미는 고미술품을 모방한 복제품이나 통속적인 미술품을 말한다. 1970년대 이발소에 걸려 있던 밀레의 〈만종〉 복제품이나 '오늘도 무사히'라는 글씨가 적힌 소녀의 기도 그림을 연상시킨다. 한마디로 조악한 감각으로 만들어진 그림이나 조각, 대중가요를 지칭하는 말이었다.

그러나 오늘날 키치는 더 이상 사이비 예술로 취급되지 않는다. 기성세대의 귀족적 미학에 반기를 들고 감각적이고 가벼운 재미를 추구하는 세대의 취향과 맞물려 포스트모던 예술의 한 축으로 자리 잡고 있다. 일부 마케팅에서는 의도적인 촌스러움과 복고풍, 유쾌한 유머의 형태로 '키치'를 활용해 소비자의 감성을 자극하기도 한다.

고급문화로 여겨지던 기성 예술의 정석을 깼다는 점에서 B급 문화와 키치는 맥락을 같이한다. 좀 더 명확히 정리하자면, 키치는 B급문화를 감각적으로 받아들이게 하는 수단인 셈이다.

하지만 키치를 잘못 구사하면 진짜 촌스럽고 격이 떨어져 보일 수 있다. 키치 문화를 선도하면서도 대중과 호흡을 잘 맞추기 위해서는 줄다리기를 잘해야 한다. 배민이 '키치'와 'B급문화'를 어떻게 활용해 소비자의 호응을 이끌어냈는지 주목해 보자.

면서 모았어요. 그런데 당연히 한 지역에 아홉 병을 다 안 뿌렸겠죠? 몇 병은 다른 지역에 뿌려서 모으기 어렵게 만들었겠죠.

강남을 아무리 돌아다녀도 써니 사진이 붙은 병이 없는 거예요, 티파니만 많고. 그래서 매일 편의점을 들락거리면서 "오늘 써니 안 나왔어요?" 물어보다가 SNS에 올렸어요. 써니가 어디 있냐고 물었더니 의정부역에 있다는 제보가 들어왔어요.

그래서 의정부까지 가서 써니 비타500을 사서, 아홉 명을 다 모아놓고 사진 찍었죠. 경품으로 내걸고요. 그랬더니 소녀시대 팬카페에서 엄청 신기해했어요. '이걸 다 모은 사람이 드디어 나타났다'고. 한마디로 대박을 쳤죠.

그런 경품이 화제성이나 의외성 말고, 기업에 어떤 도움이 될까요?
사실 프로모션 때마다 마케터들이 가장 걱정하는 게 그런 거잖아요. 경품을 좀 좋은 걸로 걸면 체리피커들이 경품만 타가고 사라지잖아요. 저희는 굳이 큰돈을 들이지 않으면서도 경품을 통해 브랜드 아이덴티티를 쌓으려 애썼어요. 경품이 아니라 우리 브랜드를 기억하고 좋아하게 해야죠. 막내들이 좋아할 만한 물건들을 계속 경품으로 걸었어요.

가령 양말 30켤레를 준다고 하면, 한 달에 양말 한 번만 빨면 되잖아요. 부모님과 살 때는 어머니가 빨래도 해주셨지만 자취해보면 그 소중함을 비로소 깨닫게 돼요. 그래서 양말 30켤레 받으면 너무들 좋아하죠. 어떤 때는 당첨자가 사는 집의 문 앞을 두루마리 휴지로 다 가릴 정도로 많은 휴지를 준 적도 있어요. 이런 의외성은 특히 20대 초반 젊은이들이 굉장히 재미있어하더라고요.

사실, 마케팅의 1차 목적은 소문나게 하는 거잖아요. 그러려면 고객이 무얼 좋아하는지 아는 게 중요하겠죠. 좋아하는 걸 줘야지, 남들하고 똑같은 상품 받았다고 소문 낼 사람은 없잖아요. 그들의 삶 속에 깊숙이 들어가 이해하지 않으면 그런 아이디어가 안 나오겠지요.

배민 잡지광고도 그런 게 아닐까요. 처음에 어떻게 잡지광고를 할 생각을 했어요?

2013년에 아이덴티티를 잘 구축했다는 이유로 'Korea Design Award 2013'을 받게 됐어요. 그랬더니 〈월간 디자인〉에서 광고 한번 해야 하지 않겠냐고 전화가 왔어요. 돈 주고 받은 상도 아니고, 저 역시 〈월간 디자인〉에서 많은 걸 배웠기 때문에 굉장히 영광스러운 기회라는 생각이 들더라고요.

그래서 처음엔 되게 좋았는데, 마감일이 다가올수록 답답하더라고요. 아무리 광고를 잘해도 〈월간 디자인〉의 다른 광고보다 멋지게 할 수 있을까 고민스러웠죠. 처음에는 배민 캐릭터를 활용해서 카툰 광고를 만들었는데 아무리 봐도 아닌 것 같아 다시 원점으로 돌아갔죠. 그냥 우리답게 하자. 흰 바탕에 카피 한 줄. '잘 먹고 한 디자인이 때깔도 좋다!'

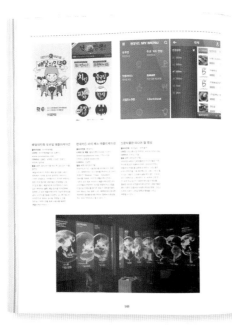

잘 먹고 한 디자인이 때깔도 좋다!

테러 광고의 시작

"수백 페이지에 달하는 잡지 지면, 그 안에 들어간 수많은 광고 이미지, 인터뷰 기사들,
그 빽빽한 글자와 화려한 이미지들 속에서 우리 광고를 꼼꼼히 읽어줄 독자가 몇이나 될까?"
이렇게 광고의 효과를 직시하며, 배민의 감성을 키치로 강하게 표현했다.

잡지사 반응이 어땠어요? 정말 황당해했을 것 같은데요.

〈월간 디자인〉 담당자에게서 전화가 왔어요. 최종 파일 보낸 것 맞느냐고. 뭔가 느낌이 왔죠. 담당자도 이상하다고 생각할 정도면, 이걸 본 독자들은 얼마나 특이하게 볼까 싶더라고요. 이후로 한 달에 하나씩, 각 잡지에 돌아가며 광고를 내기 시작했어요. 마케터들 보는 잡지에는 '마케팅할 때 먹는 치킨은 0칼로리', 소프트웨어 잡지에는 '먹을 땐 개발자도 안 건드린다'라는 식의 카피가 들어갔죠.

여성지에는 '경희야, 넌 먹을 때가 젤 이뻐'라는 카피가 들어갔어요. 우리 회사에 경희라는 엔지니어가 있었는데, 아이가 둘인 엄마라서 배민에 딱 맞는 타깃이잖아요. 그래서 물어봤어요. "경희 수석님, 신랑이 무슨 말해줄 때가 제일 좋아요?"라고 했더니, "경희야, 넌 먹을 때가 제일 이뻐"라고 말해주면 제일 좋다는 거예요. 그게 그대로 카피가 된 거예요.

저희 인쇄광고와 TV광고로 한국광고단체연합회에서 '대한민국 광고대상', 한국광고협회 선정 '올해의 광고상', 서울 영상광고제 'TV CF 어워드', 한국광고주협회에서 '소비자가 뽑은 좋은 광고상' 등, 다양한 부분에서 분에 넘치게 많은 상을 받았어요. 어이없을지도 모르겠지만 일련의 광고들이 이런 결과를 낳았습니다.

지금도 하고 있어요. 계속 배민스러운 걸 보여주는 거죠. 외식잡지 카피에는 '국은 물보다 진하다', 뮤지컬 잡지에는 '젊은 베르테르의 슬픔', 스포츠 잡지에는 '저스트 두입'이 나가는 식이에요.

고기 맛이
고기서
고기지

다이어트는
포샵으로

치킨은 단식
치맥은 복식

국은
물보다
진하다

"잡지사에 광고파일을 보냈더니 잡지사의 광고 담당자에게 연락이 왔어요. 파일 잘못 보낸 거 아니냐고. 뭔가 그래픽도 들어가고 디자인도 들어가야 할 것 같은데 카피만 한 줄 오니까요. 그때 느낌이 와서 우리가 이제 잡지를 하나씩 테러하자고 '잡지테러'라고 이름 지었죠. 테러라고 해도 그걸 보는 분들도 다 재미있어해요."

아무리 배민스러운 걸 한다고 해도 각 잡지만의 특성이랄까, 그에 맞는 공략법이 있을 것 같은데요.

매거진은 재미있는 속성이 있어요. 타깃이 분명하거든요. 여성만 보거나, 마케터만 보거나, 뮤지컬을 좋아하는 사람만 보거나, 디자인하는 사람만 보거나, 음악을 좋아하는 사람만 보거나. 타깃이 분명하니까 우리 회사 마케터들을 훈련하기 좋아요. 각 타깃별 특징을 이해하고 아이디어를 내보는 것이니까요.

옥외광고도 히트를 쳤죠? 거기서도 배민의 코드가 확실히 느껴지던데요.

옥외광고를 할 때도 마찬가지로 고민을 많이 했어요. 옥외광고도 일단 광고니까 광고의 일차적 기능, 제품의 특장점을 보여줘야 하잖아요. 그래서 주장할 것들을 정리해 봤더니, 업체 수가 많다, 리뷰가 많다, 사전 리뷰를 볼 수 있다, 포인트를 쌓을 수 있다… 그냥 늘어놔도 정말 많은 거예요.

그런데 그런 것들을 알려준다고 해서 고객들이 좋아할까 싶더라고요. 그래서 반대로 생각했죠. 아무것도 알려주지 말자. 대신 막내들이 좋아할 만한 문화 코드를 담자. '다이어트는 포샵으로' 같은 거요.

앞에서 한 경품이벤트나 잡지테러나 옥외광고나 전부 마찬가지라고 생각해요. 우리가 말하고 싶은 게 아니라 그들이 좋아하는 것을 알려주자는 거죠.

그런데 배민의 타깃이 오프라인 옥외광고를 열심히 보는 사람들은 아니잖아요?

맞아요. 저희 타깃은 온라인에서 더 많이 활동하죠. 인스타그램이나 페이스북을 돌아다니는 친구들이에요. 그래서 광고시안을 만들 때는 항상 핸드폰으로 사진을 찍어보며 마지막 검수를 해요. 이걸 SNS에 올렸을 때 사람들의 시선을 끌 수 있는지 테스트하는 거예요. 즉 '순간적으로 후킹hooking이 될 수 있는가?'가 저희가 생각하는 옥외광고의 조건입니다.

사람들이 저희 옥외광고를 사진 찍어 마구 올리면서 많은 분들에게 사랑을 받았어요.

저도 대학원에서 시각디자인을 전공했기 때문에 일반적인 광고의 기능을 생각한다면 이런 광고를 하면 안 되겠죠. 제품 특징도 없고 대체 뭘 얘기하는지도 모르겠고. 그런데 이렇게 겁 없이 했어요. "먹어서 살찌는 것이 아니다, 많이 먹어서 살찌는 것이다."라고.

옥외광고를 오히려 소통의 방식으로 잘 활용했네요. 그중에 가장 파급효과가 컸던 프로젝트는 뭔가요?

〈여성중앙〉에 썼던 '경희야, 넌 먹을 때가 제일 이뻐' 잡지테러 광고를 옥외광고로 내보냈는데, 신기한 현상들이 발견됐어요. 우리나라의 모든 경희가 갑자기 태그되기 시작했어요. 김경희, 이경희, 박경희 등등.

이 생소한 현상을 유심히 지켜보며 이걸 어떻게 해석해야 하나

'경희 프로젝트'의 시발점

네이버에 여친 이름, 예컨대 '나영아'를 치면, '나영아, 너는 먹을 때가 제일 이뻐'라는 카피가 자동완성되는
프로그램이 깔릴 정도로 화제가 되었다.

생각했죠. 그러다가 우리나라에는 '두 부류의 여자'가 존재한다는 걸 알았어요. 경희이거나 경희 친구이거나. 이 광고를 경희가 보면 너무 좋아하고, 경희 친구가 보면 경희에게 빨리 알려줘야 하는 거예요. 정말 재밌는 현상이죠?

그런데 더 재미있는 현상이 나타났어요. 사람들이 우리 광고 앞에서 인증샷을 찍는 거예요. 왜 그러는지 몰라 처음에는 의아했어요. 그런데 나중에 보니, 사람들이 광고에 나온 경희를 포샵으로 자기 이름으로 바꿔서 올려놓고 자기들끼리 막 좋아하는 거예요.

그래서 예삿일이 아니다, 이걸 어떻게든 빨리 살려보자고 해서 연결된 캠페인을 기획했죠. 그게 '100명의 경희 프로젝트' 시작이에요.

'100명의 경희 프로젝트'에 대해 좀 더 자세히 듣고 싶어요.

회사 구성원들 100명 이름을 회사 버스광고에 넣었어요. "여진아, 넌 먹을 때가 제일 이뻐", "효정아, 넌 먹을 때가 제일 이뻐", "서현아, 넌 먹을 때가 제일 이뻐", "혜수야, 넌 먹을 때가 제일 이뻐", "나영아, 넌 먹을 때가 제일 이뻐" 이렇게 해서 이런 것들이 서울 전역에 다 돌아다니게 되었어요. 버스 100대에 붙였어요.

그 캠페인이 진행되는 동안 회사에 문의가 엄청 많이 왔어요. "제 이름을 봤다는데, 도대체 어느 버스에 있어요?" 그래서 버스번호를 공개했어요.

경은이는 641번에 있고요, 도연이는 270번에 있어요. 그랬더니

"내 이름은 몇 번 버스에 붙어 있어요?"

자기의 이름이 버스에 광고로 붙어 다닌다. 이 광고를 본인이 보면 너무 즐겁고, 친구가 보면 본인에게 빨리 알려줘야 하는 거다. 내 이름이 붙은 버스를 찾느라 재미있다.

다들 자기들끼리 "야, 네 이름이 3217번에 있다" 그러면서 태그를 걸어서 서로 공유하기 시작했어요. 그러면서 일이 더 커졌어요. 100명이나 되는 이름으로 광고를 만들었지만, 대한민국에는 훨씬 더 많은 이름이 있잖아요. 내 이름은 왜 없냐고 항의가 오기 시작하는 거예요. 그래서 '1000명의 경희 프로젝트'를 시작하게 됐죠.

그러면서 커다란 A2 사이즈 포스터에 신청한 사람의 이름을 프린트해 보내주겠다고 했는데, 인쇄가 아닌 출력을 하려니 그것도 만만치 않더라고요. 한 장에 3만 원이면 3000만 원이잖아요? 실수했죠. 그래서 아예 1000만 원짜리 출력기를 구매해서 직접 출력해서 1000명에게 포스터를 보내줬어요.

받는 사람 입장에서는 얼마나 좋았겠어요? 그러니 시키지 않아도 자발적으로 공유하고, 다른 사람들에게 자랑하고… 이렇게 경희 프로젝트가 연이어 진행되었습니다.

고객이 마케팅에 참여하고 공유하고 소통하는 것. 많은 회사들이 정말 하고 싶어 하거든요. 그런데 잘 안 돼요. 배민이 할 때는 왜 잘되었을까요?

자기 이야기가 아니라 고객 이야기를 하면 되는 것 같아요. 그렇다면 누구 이야기를 해야 가장 효과적일까 생각했어요. 생각해보니 마케터가 사로잡아야 할 최고의 타깃은, 바로 다른 회사의 마케터인 것 같더라고요. 마케터들은 기본적으로 자신이 좋으면 남들에게 알리고 싶어 하는 성향이 있잖아요. 평균보다 감각적이기도 하고. 그들에게 반응이 오면 성공한 것 아니겠어요? 그런 마음으로 저희가 판교에서도 경희 프로젝트랑 비슷한 걸 했어요. 다른 회사의 마케터들을 타깃으로요.

판교는 IT 업계 사람들이 많은 지역이잖아요. 판교에 가보신 분은 아시겠지만, 지하철로 가면 거의 모든 사람들이 1번 출구로 나와요. 거기 긴 에스컬레이터 벽을 따라 동네 미용실이랑 미술학원 광고가 죽 붙어 있었는데, 그 광고판 1년어치를 모두 샀어요. 그 자리에 판교 회사들의 이야기를 담기로 정한 거죠.

그 넓은 공간에다 뭘 한 겁니까?

배달의민족이 어떤 서비스인지, 어떤 앱인지 구구절절 홍보해봤자 관심을 가질 리가 없잖아요. 대신 광고에 판교 직장인들의 이야기를 담았어요. 회사 자랑, 승진 자랑, 사내 결혼, 프러포즈, 야근 중지 요청, 뒷담화, 주 1회 치킨을 사달라, 연봉 올려달라 등등 어떤 내용이어도 좋으니 배달의민족 블로그에 비밀댓글로 신청하라고 공지를 올렸어요. 모집된 사연을 보고 포스터 광고로 만들었는데 가령 이런 식이에요.

'2년 동안 고생해 준 김하윤 님의 퇴사를 슬퍼하며, 현대오트론의 김정민 님이 부릅니다 — god의 거짓말' 그럼 현대오트론 사람들은 무조건 그날 하루는 배민에 대해 이야기할 테니까요.

미생들 얘기군요. 어떤 스토리에 가장 열광하던가요?

프러포즈하는 걸 가장 좋아했죠. "은지야 나랑 평생 함께 살자"라

의미 있고 재미있는 광고들

판교역 1번 출구로 오르는 에스컬레이터는 유난히 길다.
그곳을 오르는 동안, 주변 직장에 다니는 미생들의 일상 얘기가 센스 있게 묘사되어 자연스레 읽게 된다.

고 프러포즈한 커플이 있었는데, 실제 그 커플이 이 광고 앞에서 프러포즈를 하면서 페이스북에 올렸어요. 공유가 많이 된 것도 프러포즈예요. 사람들이 정말 사랑 이야기나 프러포즈에 감동하고 공감을 많이 한다는 사실을 알게 됐죠.

하나의 캠페인이 성공하면, 연이어 형태를 변형시켜가면서 더 큰 화제를 만드네요.

처음부터 그래야겠다고 치밀한 계획을 세우는 건 아닌데, 그때그때 반응을 보면서 연결해가려고 해요.

이런 것도 했어요. 저희가 버스광고를 많이 했잖아요. 그 광고의 모델 얼굴을 남자친구 얼굴로 바꾸고 여자친구 이름으로 바꿔서 프러포즈를 하게 해줬어요. 스튜디오에서 사진을 잘 찍어서 모델 대신에 남친 얼굴로 바꿔줬죠. 여자 분들은 정말 많이 좋아하더라고요. 페이스북에 광고비를 하나도 안 쓰고 류승룡이 출연한 TV광고만큼 공유가 됐어요.

역시나 대중을 잡으려면 여성들을 잡아야 한다는 걸 또 배웠죠. 남자들은 아무리 좋은 걸 해줘도 소문을 안 내지만, 여성들은 좋은 일이 있으면 다른 사람들에게 알리더라고요. 그때 절실히 깨달은 게 이런 겁니다. '많은 사람을 감동시키려면 아무도 감동받지 못하지만, 단 한 사람을 제대로 감동시키면 그 사람의 이야기가 다른 사람에게 전파되어서 모든 사람이 감동받는구나'라는 거요.

팬을
만드는 것만으로는
부족하지 않을까?

독특한 광고들은 인스타그램이나 페이스북에 공유되며 이슈가 되기도 한다. 그러나 열렬한 팬을 넘어서서 대중의 마음을 사로잡기란 만만치 않은 일이다. 다른 배달 앱들도 빠르게 치고 나왔다. '배달 앱'이라는 카테고리를 선점하지 않았다면 배민도 자칫 그중 하나로 사라지기 쉬웠을 것이다.

골수팬이 아니라 대중을 향한 마케팅이 필요했던 시기에 돌파구가 된 것이 바로 배민의 TV광고였다. 류승룡이 비장한 얼굴을 하고 '우리가 어떤 민족입니까?'를 외치며 말을 타는 모습은 강렬하게 각인되었다. '배달의민족은 몰라도 배달의민족 광고를 모르는 사람은 없다'는 말이 나올 만큼, 배민의 첫 TV광고는 말 그대로 대박을 쳤다.

TV광고가 대박을 쳤죠. 결과가 좋았으니 망정이지 처음 시작하는 회사 입장에서 광고비가 부담스럽다는 생각은 안 했어요? 게다가 TV광고 효과도 예전 같지 않은 시대잖아요.

사실은 그에 대해 늘 논란이 많아요. 지금도 그것을 저희가 증명해야 하는 단계라고 생각하고 있고요. TV광고는 장기적으로 워낙 돈이 많이 들어가는 대형 프로젝트니까요.

광고비를 1년에 얼마나 썼어요?

1년에 150억 원 이상 쓴 것 같아요. 이때 경쟁사가 먼저 광고로 치고 나왔기 때문에 이 시점에서 배민이 안 달리면 뒷덜미 잡히잖아요. TV광고를 할 수밖에 없었죠. 사실 IT 회사가 광고로 성장하는 건 변칙적인 방법이라고 생각했어요. 어쩔 수 없는 상황이긴 했어도.

IT 회사가 광고로 성장하는 게 왜 변칙적인 방법이죠? 광고도 마케팅의 한 수단인데⋯

벤처나 스타트업은 기술력으로 승부하고 기술력 자체가 마케팅이라고 생각하거든요. 그래서 서비스를 잘 만드는 것이 최고의 마케팅이라는 생각을 하죠. 구글이나 페이스북도 광고로 성장하지는 않았잖아요. 어느 정도 성장한 후에 광고로 대중에게 더 많이 알려지기는 했지만, 초기 단계부터 매스미디어 광고로 성장하지는 않았던 것 같아요.

이 때문에 광고를 하겠다는 이야기를 할 때 이사회에서도 의견이 분분했어요. 그래서 쿠팡과 티몬의 성공사례를 들어 설득했죠.

단순히 경쟁자가 광고를 시작해서 따라 했다고 볼 수는 없을 것 같은데요.

광고하기 전에도 TV광고의 필요성을 느끼긴 했죠. 경쟁사가 저희보다 거의 1년 정도 먼저 매스미디어 광고를 시작했을 때였어요. 경쟁사는 케이블 TV부터 광고를 오래 해왔지만, 그것으로 저희를 따라잡지 못할 거라고 봤는데 지표가 움직이더라고요.

저희다운 마케팅을 하고, 팬덤을 만들어도 대중을 향한 마케팅을 하지 않으면 안 되겠다, 이러다가 따라잡히겠다고 생각해서 투자자를 설득하기 시작했죠. 정말 어렵게 설득했어요.

투자자들을 어떤 방식으로 설득했어요?

이런 논리죠. 만약에 1000억을 번다고 할 때, 20억을 부어서 1000억 벌 수 있고 200억 써서 1000억 벌 수도 있다. 비용을 보면 20억과 200억 차이고, 뒤집어 수익을 보면 980억과 800억의 차이다. 광고를 적게 하고도 동일한 매출을 올리면 좋겠지만 200억을 쓰는 대신 좀 더 안전하고 확실하게 800억 버는 게 낫지 않겠냐, 그런 논리로 풀었죠. 시장은 확실하게 존재한다는 점을 강조했어요. 결국 회사 가치는 예상보다 훨씬 커졌고 투자자들도 잘한 결정이라고 생각하게 됐죠.

다행히 기가 막힌 카피로 크게 화제가 되었죠. TV광고를 집행하면서 어려움은 없었나요?

아니에요. 위기는 많았어요. 정말 어렵게 투자승낙을 받아서 광고를 했는데, 이 광고는 제가 감으로 결정했거든요.

원래는 광고를 하려고 가져온 영상이 아니라 일종의 비하인드 스토리 같은 거였어요. 광고회사에서 PT 하기 전에 재미있게 이런 플랜들도 있었다며 보여준 영상이었는데, 제가 그걸 하자고 이야기했죠.

그런데 광고가 나간 지 2주일 만에 세월호 사건이 발생한 거예요. 재밌게 빵 터지는 광고인데, 국가적으로 어렵고 슬픈 상황에서 틀 수는 없잖아요. 타이밍이 결정타였죠. 어렵게 광고하자고 했는데, 시작하자마자 멈춰야 했으니… 저 개인적으로도 너무 괴로웠어요. 세월호 때문에 슬픈 마음과는 별개로, 저는 언제쯤 광고를 다시 할 수 있을까 고민해야 하잖아요. 정말 힘들었던 것 같아요.

잘못된 결정으로 큰돈을 날리는 건 아닌지, 경쟁자와의 격차를 벌릴 수 있는데 저의 섣부른 결정 때문에 잡은 기회를 놓치는 건 아닌지 정말 생각이 많아지더라고요. 마케팅에서는 초반에 승기를 잘 잡아야 돈이 덜 들잖아요. 처음에 실수하면 그다음부터는 두세 배 더 드니까요. 이걸 다시 만회하려면 대체 얼마를 더 써야 하는지 엄청 스트레스를 받는 상황에서 다행히 사람들이 많이 기억해 줬어요. 그 어이없는 광고를.

그런데 하필 왜 그 영상을 골랐어요? 정식 광고영상도 아니었다면서요.

딱 보자마자 좋았어요. '우리가 어떤 민족입니까?' 하는 질문만 던지고 브랜드도 안 알려줬어요. 사람들더러 생각하게 만들고 자연스럽게 '배달의민족'이라는 말이 나오게 하는…

광고 내내 우리는 질문만 던졌고 말을 안 했지만, 듣는 사람이 대신 얘기하게 만들었잖아요. 아주 짧은 시간 안에 집중된 컷으로 위트를 보여준 영상이었다고 생각해요. 나중에 원래 그 광고의 본편을 보니까, 촬영과정을 마지막에 나오게끔 편집해서 갖고 왔더라고요.

광고대행사도 감感이 좋네요. 뒤에 붙일 영상을 앞에 넌지시 틀어준 걸 보면…

제가 고르고 나서, 광고대행사 담당자가 바로 한 번 더 물어봤어요. 진짜 그 광고로 갈 거냐고. 그렇게 하겠다고 하니까 그쪽에서도 잘 선택했다고 하는 거예요.

저도 디자인을 해봐서 알거든요. 진짜 노력과 실력을 발휘해서 만든 자기만족을 위한 안案이 있지만, 보통은 고객에게 현실과 적절하게 타협한 안을 가져오죠.

그런 상황에서 저에게 자기들의 진짜 생각이 담긴 다른 영상을 슬그머니 보여줬는데 그걸 택했고, 그들도 좋은 선택이라고 하니 잘 될 것 같은 느낌이 조심스레 들었어요.

우리가 어떤 민족입니까

"밤잠보다 밤참이 많은 민족, 배달로 나라를 구한 민족, 사시사철 천지사방 불철주야, 우리가 어떤 민족입니까!"
배달문화가 발달한 우리 민족의 특징과 브랜드 명을 절묘하게 결합하여 표현했다.
서비스에 대한 구구한 설명은 없지만 브랜드를 각인시키는 데 큰 역할을 하였다.

광고대행사 선정에는 어려움이 없었고요?

사실 광고를 하고 싶다고 무조건 의뢰할 수 있는 것도 아니었어요. 기획사들에 연락해서 모바일 앱 서비스하는 회사라고 하니까 다들 제대로 평가를 안 해주는 거예요. 돈은 제대로 받을 수 있을까 생각했나 봐요. RFP(제안요청서)를 받고도 모르겠다면서 거절한 광고사도 있었어요.

광고에서 류승룡이라는 배우가 배민하고 잘 어울린다고 생각하지만, 다른 후보들은 고려 안 했나요?

사실 다른 분들도 많았어요. 저희가 서비스를 시작한 지 3년 넘었지만 대중들이 잘 모르니까 매스미디어 광고를 하는 거잖아요. 어찌 보면 처음 메인 무대에 우리를 떡하니 내놓는 거니까 가장 유명한 A급 모델을 쓰자는 게 저희 전략이었어요. 당시 〈별에서 온 그대〉의 김수현부터 잘나간다는 광고모델은 다 연락했던 것 같아요.

온 국민이 알 만한 배우들에게 연락하다가 믿는 감독의 추천으로 류승룡 배우와 하게 됐죠. 진지한 연기력을 갖춘 배우면서 동시에 배민에 어울리는 B급의 키치한 매력이 느껴졌거든요. 당시 CF에는 거의 안 나와서 CF 모델로서의 가능성은 미지수였지만 정말 잘 어울릴 것 같다는 생각이 들었어요.

배우가 정해지고 나서 콘티를 만드는데, 류승룡 씨가 여름쯤에 나오는 〈명량〉이라는 영화에 출연한다는 거예요. 당연히 이순신 장군으로 나오는 줄 알고 '우리가 어떤 민족입니까!' 하는 카피와

1차 TV광고 : 배달음식을 주문하고 기다리는 과정은 즐거워야 한다

광고에는 유쾌한 체험을 선사하기 위해 사람들이 즐길 수 있는 패러디적 코드를 심었다. 류승룡이
배달가방을 들고 사방천지를 뛰어다니는 모습. 그리고 철가방에 배달의민족이라고 쓴 센스가 돋보인다.
진지한 류승룡의 반전매력도 배민의 브랜드 컨셉과 잘 맞아떨어진다.

2차 TV광고 : 젊은이들은 블록버스터 영화 예고편을 좋아한다

다양한 영화에서 한 번쯤 봤을 법한 장면을 패러디했다. 실제 영화 예고편으로 착각할 만큼 영화 같은
편집 안에 앱의 주요 기능을 재치 있게 담아냈다.

3차 TV광고 : 광고 캠페인에서도 반전은 재밌다

봄이 되면 야외에서 짜장면을 시켜먹는 사람들이 늘어난다는 데 착안한 광고.
1, 2편의 광고를 보며 다이내믹한 광고가 나올 거라 예상했던 사람들의 허를 찔렀다.

TV광고와 함께 진행한 옥외광고

영화 포스터처럼 제작해서 TV광고와의 시너지 효과를 높였다.
매체는 다르지만 메시지와 톤을 같이 맞추면 효과가 배가된다.

너무 잘 어울린다고 생각했는데 맙소사, 왜장으로 나오더라고요. 하지만 배민 광고에서는 류승룡 배우가 정말 잘 맞았던 것 같아요.

광고는 결과적으로 대박이었죠?

네, '배달의민족'의 존재감을 확실히 심어주는 데 성공했죠. 게다가 우리 서비스가 어떤 점이 좋다는 말을 하지도 않았는데도 많은 분들이 배민을 기억해주셨어요. 뭐라고 말하지 않으니까 더더욱 기억해주셨죠.

2차 광고인 '우리가 어떤 민족이랬지'는 블록버스터 예고편 스타일인데, 거의 1분이나 돼요. 처음으로 배민 서비스의 특장점을 넣었는데 대사와 연기가 따라주니까 전혀 광고 티가 안 나더라고요. TV 광고를 포스터 형태로 만들어 옥외광고로도 지원했어요. 사람들은 점점 더 배민을 기억하게 됐죠.

광고를 쭉 보면 광고마다 확실한 패러디 코드가 다 심어져 있네요.

네, 1,2,3차 광고가 다 각각의 목적이 있고 흐름이 있지만, 모든 광고를 아우르는 코드는 단연코 '패러디'예요. 시즌1이 명화 패러디였다면, 시즌2는 블록버스터 영화 예고편 패러디, 시즌3는 먹방 패러디죠.

배민의 브랜드 컨셉이 B급문화, 키치, 패러디잖아요. 패러디 광고를 본 사람들은 광고라기보다 배민만의 콘텐츠로 인식하기도 해요. 실제 네이버에서 다양한 종류의 광고영상을 자유롭게 패러디하는

전략은 발효하듯 진화한다

김 대표의 전략에 대한 관점은, 민츠버그Henry Mintzberg 교수가 전략을 '점증적 숙성과정'이라고 한 것과 만나는 말이다. 바둑을 두면서 진행될 모든 수를 미리 다 예측할 수 없듯이, 전략을 한꺼번에 다 짜놓을 수는 없다는 것이다. 그것은 두뇌의 한계이자 과정상의 한계이기도 하다. 더구나 세상은 너무도 빠르게 변화하고 있다.

전략은 집행과정을 통해, 발효하듯 천천히 진화한다고 볼 수 있다. 좀 더 좋은 전략은 있을지언정 완벽한 전략이란 있을 수 없다. 전략의 집행이란 분명한 시작도 뚜렷한 종지부도 없는 점증적인 숙성과정인 것이다.

'패러디 광고 공모전'을 연 적이 있는데 그중 하나가 배민 광고였어요. 기발한 영상들이 엄청나게 쏟아졌어요. 2015년 '소비자가 뽑은 좋은 광고상'을 받은 것도 그런 공감 코드 때문이 아닌가 싶어요.

처음부터 마케팅 계획을 주도면밀하게 세워야 하는 건가요?
저희가 처음에 마케팅 계획과 예산을 잡지만, 언제 어디서 어떻게 하겠다는 계획을 정밀하게 세우진 않아요. 그게 다른 기업들과의 차이일 수도 있어요. 하나를 시도해보고 거기서 얻은 결과를 반영해서 다음으로 넘어가요. 앞에서 말씀드린 '경희야, 너는 먹을 때가 제일 이뻐'에서도 사람들이 그걸 찍어서 올릴 줄 누가 알았겠어요. 그걸 처음부터 버스에 광고하겠다고 계획할 수 없잖아요.

마케팅 회사나 광고대행사가 프레젠테이션을 하면서 A라는 계획을 하면 몇 달 후에 어떤 일이 일어날 것이라고 이야기하는데, 저희는 그렇지 않다고 봐요. 고객이 기대대로 움직여주지 않을 때가 많죠. 중간에 한 단계라도 달라지면 전체 결과는 완전히 달라지고요. 저희는 빨리 실험해보고 빨리 결과를 보고, 그다음에 적용할 결과만 가지고 빨리 다음으로 옮겨가요.

마케팅 플랜을 A부터 Z까지 짜고 그대로 될 거라는 것은 담당자들의 환상이나 바람이 아닐까요. 큰 예산만 잡아놓고 그때마다 유연하게 움직이는 게 가장 좋지 않은가 싶습니다.

배민 광고는 독특한 크리에이티브도 멋지지만, 그걸 꾸준히 지속했다는 게 더 놀라워요.

많은 대기업이 단기적 캠페인 위주의 마케팅을 해요. 하나의 캠페인을 끝내고, 다음 시즌에 캠페인을 할 때는 전혀 다른 메시지와 목적을 내걸어요. 지난번에 매출을 올렸으면 이번엔 브랜드 이미지를 만든다는 식으로 매번 목적이 달라지죠. 그렇게 몇 년 동안 마케팅한 걸 보면 별로 연결이 안 돼요.

오래오래 날려면…

"떴다 떴다 비행기, 날아라 날아라, 높이 높이 날아라, 우리 비행기." 우리가 다 아는 노래인데, 가사를 잘 살펴보면 우리에게 참된 지혜를 전해주고 있다. 세상에 잠시 뜰 수 있는 것은 많다. 풍선도 뜨고, 개구리도 잠깐은 뜬다. 문제는 계속 날아야 '우리 비행기'인 것이다.

마찬가지로 잠시 뜨는 브랜드는 많지만, 지속적으로 나는 브랜드는 많지 않다. 왜일까?

지속적 성장의 핵심은 사람들의 충성심(loyalty)을 유지하는 것이다. 그러려면 중심 컨셉은 변하지 않되, 컨셉의 표현은 디자인을 통해서든 커뮤니케이션을 통해서든 계속 진화해가면서 '자기다움'을 만들어내야 한다. 이때 '중심 컨셉에 대한 흔들리지 않는 믿음'과 '진화의 창의성'이 지속성의 핵심이다.

1991년 이래, 디젤^{diesel} 청바지의 중심 컨셉은 초지일관 '성공적인 삶을 위해서(for successful living)'이다. 여기서 '성공'이란 사회적인 성공을 의미한다기보다 사회에 대한 비판적 시각을 갖고 나답게 사는 것이며, 도전하는 삶을 말한다.

예컨대 나다운 삶을 위한 캠페인 중 하나인 '바보처럼 살자(Be stupid)' 광고 시리즈를 보면, 핵심 컨셉을 중심으로 끊임없이 변화하는 광고가 눈길을 끈다. '똑똑한 사람은 머리에 귀 기울이고, 바보는 가슴에 귀 기울인다(Smart listens to the head. Stupid listens to the heart)', '바보는 실패하기도 한다. 그러나 똑똑한 사람은 시도조차 하지 않는다(Stupid might fail. Smart doesn't even try)', '바보는 뭐라도 만들려고 한다. 똑똑한 사람은 비평만 한다(Stupid creates. Smart critiques).' '똑똑한 사람은 두뇌가 있을지 모르나, 바보는 배짱이 있다(Smart may have the brains, but stupid has the balls).'

디젤은 트렌드와 유행의 변화에 따라 늘 달라지지만, 사회비판적 자세를 유지해 하나의 문화로 정착시키면서 지속적으로 성장하고 있다. 마찬가지로, 코카콜라나 레고, 기네스, 라이카 등 장수기업들은 50년 전이나 지금이나 한눈에 알아볼 수 있는 그 무엇이 있다. '변하지 말아야 할 것'과 '끊임없이 진화시켜야 할 것'이 무엇인지 알기에 오랫동안 하늘 높이 날 수 있는 것이다.

연결고리가 중요한 이유 중 하나는 이런 거예요. 뭔가 새로운 게 나와서 좋은 반응을 얻었을 때 사람들이 '어, 배민이 이런 걸 하네, 되게 재미있네' 하면서 검색하면 과거의 것들도 줄줄이 나와요. 저희 경우에는 잡지광고도 옥외광고도 TV광고도 어느 지점에서 들어와도 전부 컨셉이 연결되어 있기 때문에 검색하면 배민스러움이 뭔지 알 수 있어요.

앱솔루트 보드카도 그런 걸 정말 잘하죠. 보드카를 마시지도 않는 제가 좋아하는 브랜드예요. 홈페이지만 해도 들어가볼 때마다 달라지지만, 그 전의 것들이나 다른 프로모션과 유기적으로 연결되어 있으면서 계속 진화하고 있죠.

어떻게 해야
고객과
잘 놀 수 있을까?

요즘은 고객과 호흡을 맞추기 위해 많은 기업들이 다양한 이벤트를 기획한다. 고급 호텔에서 비싼 음식을 마련하고 인기 있는 연예인들을 초청하는 등, 비용도 경쟁적으로 많이 들인다. 참가자들은 신나게 먹고 마시며 열심히 사진 찍어 SNS에 자랑삼아 올린다.

그런데 행사를 통해 그 브랜드가 어떤 메시지를 전하고 싶은지 불분명할 때가 많다. 그러다보니 색깔 없는 돈잔치로 끝나는 경우를 흔히 본다. 고객의 라이프스타일이나 문화에 대한 이해 없이 행사를 진행했기 때문이다.

배민은 핵심고객의 문화를 이해하면서 성장한 회사다. 마케팅에서도 고객 참여를 빼놓을 수 없다. 배민은 '조직의 막내들', 대학생이나 사회초년생의 특성이 어떤지 깊은 관심과 관찰에서부터 시작했다. 그들이 좋아하는 문화가 무엇인지, 어떤 것에 관심을 갖는지, 어떤 감성인지 파악한 후에 그에 맞는 크리에이티브와 엔터테인먼트를 만들어 왔다. 여기서 '참여'란 일회성 관심이나 잠깐의 행동이 아니다. 그들은 어떻게 고객의 참여를 유도했을까?

배민 마케팅을 보면 고객과 함께하는 게 많아요. 올해(2016년)는 화이트데이에도 색다른 행사를 했죠?

네, 많은 이벤트를 하면서 사람들이 사랑 이야기나 프러포즈 방식에 관심이 많다는 걸 알게 됐죠. 그래서 버스정류장에서 애인에게 프러포즈하는 이벤트도 열었고요.

2016년에는 뭘 할까 하다가 좀 색다르게 기획해 보았어요. 보통 화이트데이는 젊은 연인들끼리 사랑을 고백하는 날인데, '부모님을 위한 특별한 하루'를 기획했죠. 우선 자녀들을 대상으로 사전에 페이스북을 통해 이벤트 참가 신청을 받았는데요. 그중 가장 뜻 깊은 사연을 가진 다섯 가족을 선정했어요. 뽑힌 가족의 아빠와 자녀는 엄마 몰래 영상 편지와 포스터를 촬영하고 요리를 배웠죠.

결국 배민이 하는 비즈니스와 연관이 있는 이벤트네요.

네, 사실 저희가 말하는 배달음식의 정의를 그대로 보여주는 것이기도 하거든요. 배달음식은 '사랑하는 사람과 함께하는 행복한 시간'이잖아요. 이 영상들이 공유되면서 저희가 추구하는 행복이나 비전을 많은 분들에게 다시 한 번 각인시킬 수 있었죠.

화제성으로 치자면 신춘문예만 한 게 없을 텐데요.

네, 저희가 2015년부터 하는 건데, 한마디로 창작시 공모전이에요. 재치 있는 n행시를 지을 수 있다면 누구나 참여할 수 있고요. 심사의 조건은 간단해요. '풋!' 하고 웃거나 '아~' 하고 공감되는 시에 점수를 주는 거예요.

1등 상품은 치킨 365마리였어요. 매일 한 마리씩 1년치죠. 금액으로 따지면 엄청 비싼 상품은 아니지만 저희 배민이 줄 수 있는 배민다운 상품이잖아요. 그래서 더 화제가 됐고 1회에서는 실제 하상욱 님 같은 SNS 시인들이 심사위원으로 참여했어요.

2회 때 반응은 어땠나요?

2회에서는 '배달음식 이름으로 n행시 짓기'였는데요, 가령 '치킨' 2행시, '탕수육' 3행시처럼 배달음식이라는 주제 안에서 자유롭게 시제를 정할 수 있어요. 1회하고 다른 점은 일반인들이 심사위원으로 참여했다는 거예요. 저희가 오디션 프로그램 '프로듀스 101'을 패러디해서 'BAEMIN 101'이라는 이름으로 심사위원을 선정했어요. 군대에서 휴가 내고 오신 분도 있었고요. 그분들이 배민 팬클럽 출범의 씨앗이 되었죠.

배민 팬클럽이요?

팬클럽 배짱이. 연예인도 아닌 창업 6년 차 벤처기업이 팬클럽을 꾸린 거거든요. 배짱이는 '배민을 짱 좋아하는 사람들의 모임'이란 뜻

덕후 커뮤니티의 힘

덴마크 어린이들의 장난감을 넘어 전 세계 어린이들의 블록 장난감으로 승승장구하던 레고. 그러나 1990년대에 등장한 비디오게임 때문에 절체절명의 위기를 맞게 된다. 아이들이 레고를 외면하고 현란한 영상으로 자극적인 즐거움을 주는 비디오게임에 빠져들기 시작한 것이다. 이후 1998년에 처음으로 적자를 기록한 레고는 날개 없는 추락을 계속했다.

레고는 이를 극복하기 위해 신제품 개발에 박차를 가하고 제품군을 확대하는 등 갖은 애를 썼다. 블록 신제품을 2배 이상 늘린 것 외에도 아동복, 시계, 출판, 미디어, 게임 등 다양한 분야로 사업영역을 문어발식으로 확장했다. 하지만 그럴수록 고객들은 레고로부터 멀어져갈 뿐이었다.

급기야 2004년 파산 위기에 직면한 레고는 가족경영 방침에서 벗어나 외르겐 비 크누드스토르프를 새로운 CEO로 영입한다. 그는 사업확장 전략을 접고, '다시 블록으로(Back to the Brick)'를 외치며 핵심사업인 '블록'에 집중하기로 한다. 확장이 아니라 본질로 돌아가 진화를 통한 혁신을 시도한 것이다. 레고는 당시 12세 미만 아이들이나 갖고 노는 장난감이라는 고정관념이 있었다. 그런데 소프트웨어를 장착한 블록을 중심으로 움직이는 로

봇 브랜드 마인드스톰Mindstorms에 어른들이 열광하기 시작했다. 스마트폰이나 태블릿의 앱과 결합해 3D 가상세계를 구성하는 레고 퓨전Fusion 또한 그 진화의 일환이다.

그런데 수많은 신제품 개발과 더불어, 더욱 주목해야 할 점은 고객 접점에서의 소통이다. 레고는 성인 팬들을 규합해 AFOL(Adult Fans Of LEGO)라는 커뮤니티를 조직했는데, 전 세계적으로 회원이 10만여 명에 이른다. 그들은 각 지역의 클럽이나 사용자 모임을 주관하고, 웹사이트 활동, 출판 등에 관여한다. 어려서 레고를 갖고 놀았으나 청소년기를 거치며 손을 놓았다가(그들은 이 시기를 '암흑시대'라 부른다) 다시 레고에 빠져든 20~30대가 주고객이다. 레고는 28개국에서 열성 팬 45명을 선발하여 레고 홍보대사로도 임명했다.

레고 블록을 사용하기는 하나 회사가 제공하는 키트에 맞추어 만드는 것이 아니라 창의적 발상으로 만드는 것을 MOC(My Own Creation)라 일컫는다. AFOL 회원들은 더 기발한 상상력과 창의력을 보여주는 MOC를 만들어 자랑하는 것이 큰 즐거움이다. 부릭페스트(Brickfest)와 같은 연례 컨벤션에서 공동으로 만드는 어마어마한 규모의 MOC는 첨단기술 잡지의 단골기사로 장식된다.

하지만, 더 작은 규모라도 자신이 만든 레고 작품을 각종 SNS에 올려 '좋아요'를 끌어내는 재미는 단순한 취미 이상의 일이 되고 있다. 셰프들이 궁극적으로 지향하는 목표는 일반인들보다도 다른 셰프의 존경을 받는 음식을 만드는 것이란다. AFOL도 다른 회원들의 칭찬이 최고의 찬사가 된다. 그들의 응집력은 레고라는 브랜드를 유지하고 강화시키는 주요한 힘의 원천이 되고 있다.

1980년대 초, 다 죽어가던 할리 데이비슨을 회생시킨 데 H.O.G.(Harley Owner Group)라는 동호회 조직이 큰 역할을 한 것 또한 잘 알려진 사실이다. 할리 데이비슨의 홈페이지에는 "할리 데이비슨을 구입한다는 것은 관계가 시작된다는 것을 의미합니다. 끝난 게 아니고…(At Harley Davidson, the purchase of motorcycle is the beginning of the relationship, not the end)"라고 쓰여 있다. H.O.G.는 회사 차원에서 만든 조직이 아니라 고객 스스로 만든 조직이지만, 본사에서는 그들의 활동을 적극 지원하고 있다.

브랜드는 고객과 관계를 맺고, 고객이 브랜드 안에서 소속감을 계속 갖도록 하는 것이 핵심이 아닐까 싶다. SNS를 통한 고객 간의 교류가 더욱 활발해진 오늘날, 팬클럽은 단순히 고객접점 관리의 차원에서가 아니라 진정성을 띤 마케팅 활동의 장場으로 적극 관리할 필요가 있다.

제 2회 배민신춘문예 대상
송진아 作

우월에는 패밀리사이즈

배달의민족

불 불조심해 가스 밸브 잘 잠그고
고 고기 같은 것도 좀 사 먹어
기 기어이 독립하니 좋냐?
피 피치 못할 사정 아니면 가끔은
자 자기 전에 엄마한테 전화 좀 해 줘

제 2회 배민신춘문예 최우수상
이창순 作

마 마더!
파 파더!
두 두분다
부 부모님 사랑합니다!!

제2회 배민신춘문예 최우수상
이하나 作

쫄 쫄바지도 못 입고
면 면바지도 안 들어가...

제2회 배민신춘문예 최우수상
황인재 作

스 스스로 아무것도 아니라 느낄 때
파 파도에 밀려온 미역 떼기 하나도
게 게에게는 마지막 이유일 수 있다
티 티 안 나는 인생도 훌륭한 인생이다

n행시 짓기

고객이 수동적으로 참여하는 이벤트와 고객을 적극적으로 참여시키는 이벤트는 그 효과가 천양지차다.
고객이 다른 고객들을 만나 상호작용하는 기회, 또는 고객과 기업의 접점을 만드는 일은
온라인 시대일수록 더욱 중요하다.

이에요. 내가 얼마나 배민을 좋아하는지 사진이나 영상, 글, 그림 등으로 인증한 100여 명이 창단 멤버가 됐어요.

어쨌든 기업인데, 팬클럽까지 만드는 이유가 뭐예요?

그분들은 배민 덕후들이잖아요. 그분들께 즐거움을 드리는 것이 우선이고요. 소통하면서 이야기를 듣다 보면 옴브즈맨의 의견처럼 회사 경영에 반영하여 발전시킬 면도 많아요.

요새는 많은 기업이 고객참여 프로그램을 다양하게 진행하니까 소비자도 아무 데나 혹하진 않잖아요.

그렇죠. 특별히 '재미가 있거나', '의미가 있거나', '소속감을 느끼는' 일이 아니면 좀처럼 움직이지 않죠. 팬클럽을 만들고 신춘문예를 여는 것도 그런 이유 때문이에요. 특별한 체험이 될 만하고 추억이 될 만해야 매력적이거든요.

그래도 어떤 노하우가 있을 것 같은데요. 고객을 잘 놀게 해주는 건가요?

꼭 우리 회사를 알려야겠다, 홍보해야겠다고 진지하게 생각하면 오히려 참여시키기 어렵다고 봐요. 사실 제가 고객이어도 기업 홍보에 관심을 가져야 할 이유가 없잖아요. 그럴 만한 이유나 명분을 줘야죠.

얼마 전에 '그랜드 민트 페스티벌GMF'이란 음악축제에 참여했는데, 엄청 많은 기업들이 왔더군요. 다들 로고를 큼지막하게 붙여놓은 부스에서 유니폼 입고 서서 사은품 나눠주고 홍보하죠. 하지만 페스티벌까지 와서 그런 홍보 얘기 듣고 싶지 않잖아요.

저희는 그냥 간단하게 진행했어요. 재미있게 놀도록 도와주자고. 어차피 페스티벌에 왔는데 페스티벌답게 즐기고 가야죠.

페스티벌다운 사은품이라…

페스티벌에서 놀려면, 사소하지만 필요한 물건들이 있어요. 일단 관객들에게 '넌 먹을 때가 제일 이뻐'가 쓰인 팔찌를 달아줬고요. 페스티벌에 참가한 뮤지션들의 이름을 써서 직접 만든 배지를 원하는 대로 가져가라고 하고요. 밤에는 추우니까 솔로들의 마음을 담아서 '외롭지 않아, 단지 추울 뿐' 무릎담요를 선물했죠.

무엇을 할지에 관한 아이디어는 누구에게서 나옵니까?

페스티벌이라면 누구보다 잘 알고, 많이 가봤고, 누구보다 잘 놀 수 있는 신입 마케터가 고군분투했죠. 저희 부스에 GMF 역사상 가장 많은 관객이 방문했다고 해요.

기습적으로 하는 이벤트들도 꽤 있죠?

네, '치킨 로또' 같은 것들이요. 하루 동안 바로결제로 치킨을 주문한 이용자 중에서 한 명을 뽑아 1년 동안 먹을 수 있는 치킨 1000마리를 선물하는 거예요. 당첨자 선정과정은 당연히 실시간으로 중계했죠.

커뮤니케이션 어떻게 사람들에게 파고들 것인가

기회만 있으면, 뭐든 부지런히 이슈화한다

솔로데이에 '짜장면의 습격'을 기획하여 참여를 유도했다. 이 이벤트 과정은 페이스북으로도 생중계되어 눈길을 끌었다. 소셜 미디어를 잘 활용하면 같은 비용으로 큰 효과를 만드는 데 유용한 도구가 된다.

반응이 좋았던 걸로는 '블랙 후라이드 데이'라는 것도 있었어요. 미국 최대의 쇼핑 주간인 '블랙 프라이데이'를 배민스럽게 패러디한 치킨 할인 이벤트예요. 첫 해는 쿠폰 1만 장을 준비했는데 순식간에 완판되면서 일명 '치킨 대란'이 일어났죠.

'짜장면의 습격'이라는 이벤트도 같은 맥락에서 기획된 거예요. 4월 14일은 화이트데이와 발렌타인데이에 선물을 받지 못한 사람들, 즉 솔로들이 모여서 짜장면을 먹는 날이잖아요. 저희는 "우리 학교나 우리 회사가 선정되어야 하는 이유를 댓글로 남겨주면 직접 짜장면을 말겠다"는 공지를 띄웠어요. 그 결과 치열한 경쟁을 뚫고 당첨된 서울과학기술대 학생들에게 짜장면 600그릇을 제공했죠.

그렇게 기발한 아이디어를 내는 방식이나 비결이 있을까요?

보통 다 함께 모여서 회의를 하기 때문에 누가 낸 아이디어인지 확실하지 않은 경우가 많아요. 누군가 말한 기획이 A라면 구성원들이 거기에 계속 아이디어를 더해서 업그레이드된 새로운 결과물이 나와요. 이런 상황에서는 무엇보다 아이디어를 비방하지 않고 받아주는 문화가 중요한 것 같아요. 아무리 참신하고 재미있는 아이디어가 나와도 '그게 뭐냐'고 하면, 다시 말할 엄두가 나지 않잖아요. 그런데 아무리 황당한 아이디어라도 다른 사람들의 아이디어가 더해지면 현실적으로 쓸 만한 결과가 나오니까 다들 신나게 아이디어를 내요. 회의가 거의 아이디어 배틀처럼 되기도 해요.

그래도 실패한 사례도 있을 텐데요? 계속 잘될 수는 없잖아요.

그렇죠. '블랙 후라이드 데이'만 해도 1차에는 사람들의 큰 관심을 끌었죠. 심지어 위메프랑 티켓 제휴를 했는데 판매서버가 다운되기도 했으니까요.

그런데 2015년 12월에 진행한 2차 행사는 그만 한 주목을 끌지 못했어요. 아무래도 2회이다 보니 신선함, 새로움이 떨어지잖아요. 모든 기업이 그렇겠지만 저희 역시 사람들의 기대보다 더 큰 신선한 충격을 계속 만들어가는 게 과제가 아닐까 싶어요.

4장

사업의 방향

어디를 향해
갈 것인가

"저희의 미션은 좋은 음식을 먹고 싶은 곳에서 먹게 하는 것입니다."

수수료를
0%로 할까?

배민은 주문하는 사용자에게 돈을 받지 않는 무료 플랫폼이지만 가맹점주에게는 수수료를 받아왔다. 그런데 언제부턴가 배달 앱의 수수료가 가맹점에 부담이 되어 음식값을 올리거나 서비스 질을 낮추는 악순환이 생긴다는 비판이 불거져 나왔다. 이제껏 배민 없이도 잘해왔는데 굳이 배달 앱에 가입해서 불필요한 금액을 지출한다며 불만스러워하는 점주들도 있었다.

고객의 주문습관을 바꾸고, 유쾌한 배달문화를 만들고, 독특한 마케팅과 브랜딩으로 팬덤까지 생겼지만, 회사가 잘될수록 결국은 '수수료 장사'가 아니냐는 눈총을 받기 시작했다. '갑질 논란' 등의 부정적 꼬리표가 따라다니자 배민은 무언가 결단이 필요하다고 느꼈다. 언제까지나 논쟁에 시달릴 수는 없는 노릇이었다. 그래서 창립 5년 만인 2015년에 가맹점주로부터 받던 바로결제 수수료 폐지를 선언했다.

수수료가 왜 문제가 되었죠?

수수료를 받는다는 것 자체가 문제였던 것 같아요. 특히 한국에서 수수료 비즈니스는 좋지 않은 이미지를 갖고 있죠. 수수료를 비즈니스 모델로 하고 있는 많은 서비스들에는 부정적인 이미지가 따라다녀요. 신용카드사나 온라인쇼핑몰, 백화점 등에는 늘 부정적인 이미지들이 꼬리표처럼 달려 있죠. 저희 나름대로는 설득을 하려 했지만 소상공인들을 대상으로 수수료를 받는다는 프레임이 더해지니 소비자들까지 정서적으로 외면하게 되었어요.

사실 다른 e-커머스나 백화점 같은 유통 채널, 그리고 해외에 있는 배달앱에 비해서는 수수료가 현저히 낮았지만, 이건 높다 낮다의 문제가 아니었어요. 수수료를 아무리 낮춰도 아예 폐지하지 않는 한 이 문제는 계속 사라지지 않는 문제로 남아 '배달의민족'이라는 브랜드에 심각한 타격을 줄 수밖에 없다는 결론에 이르렀어요.

뭔가 결단이 필요한 시점이었고 결국 당시 기준으로 매출의 30%를 차지하던 수수료의 전면 폐지 결정을 내렸습니다. 우리에게 무엇보다 중요한 것은 '브랜드'이고, 배달의민족 브랜드의 손상은 이후 2차, 3차 브랜드의 확장에 계속 걸림돌이 될 것이었기 때문이었죠.

돌이켜보면 수수료 폐지는 정말 힘들었지만 꼭 해야 할 결정이었다고 생각해요. 이후 배달의민족을 중심으로 배민라이더스, 배민프레시, 배민쿡 등 다양한 브랜드로의 확장이 가능해졌습니다.

수수료가 회사의 큰 수익을 차지하는 상황에서 수수료 폐지는 쉽지 않은 결정이었을 것 같아요. 수수료 폐지 후 회사 상황은 어땠나요?

수수료를 0%로 한 다음부터 수입의 30%가 줄었어요. 폐지 후 6개월이 지난 2016년 2월부터는 월간 BEP(손익분기점)를 다시 맞춘 상태예요. 지금은 다시 수익이 나고 있죠.

원래도 우리 수입의 70%는 사장님들이 앱에 올리는 광고비예요. 모든 업소가 반드시 내야 하는 것은 아니고, 광고진행을 원하는 사장님들에 한해서 내는 거지요. 8만 개 업소가 매월 광고비를 내요.

수수료 폐지로 얻은 게 뭐죠? 투자자들을 설득하기 어려웠을 것 같은데요.

하지만 매출이 올라갈 때까지 견디는 기간은 솔직히 힘들었죠. 매출이 3~4개월 만에 회복되리라 예측하고 투자자를 설득했는데 예상보다 길어졌어요. 수수료 폐지 후에 두 달 동안 매출이 좀처럼 늘지 않았거든요. 6개월은 견뎌내야 했으니까 길어졌죠. 결국 올해 1~2월부터 매출이 오르면서 증명이 됐어요.

그런데 얻은 게 있어요. 진짜 크게 얻은 건 브랜드예요. '배달의민족'이라는 브랜드요. 저희 고객들이 대학생들이고 젊은 친구들인데 자기들이 배민을 쓰면서 찝찝하게 느꼈던 거예요. 배민이 수수료를 가져간다고 하니 마치 자신이 음식점 사장님한테 나쁜 짓을 하는 것 같은 기분이 들잖아요. 그런데 이제 그 불편했던 마음이 사라져버린 거예요.

그게 되니까 브랜드 확장이 가능해졌어요. 배민프레시, 배민라이더스 모두 배민과 관련된 브랜드잖아요. 배민이 망가져버리면 뒤에 다른 브랜드들이 설 수 없죠. 투자자들에게 이러한 논리로 설득했죠. 푸드 e-커머스 시장은 엄청나게 큰데, 배민이라는 메인 비즈니스, 브랜드가 손상을 입으면 다른 관련사업은 하나도 못한다고요.

배민만 봐도 매출이 나쁘지 않거든요. 이것만으로 상장을 할 수도 있겠지만, 제 생각에는 훨씬 더 큰 시장이 있다고 설득했죠. 우리나라 오프라인에서 거래되는 음식 관련 금액이 70조~80조 원이 넘어요. 그게 온라인으로 몇 %만 전환되고 그중 저희가 의미 있는 순위권에만 들어도 어마어마한 회사가 될 수 있어요. 몇 개월만이라도 해보자고 설득하다가 안 되어서 저희 전략이사랑 일요일 밤에 비행기 타고 홍콩으로 갔어요. 아침에 골드만삭스 사무실 앞에서 "우리 왔습니다. 얘기합시다. 이거 꼭 해야 됩니다"라고 설득했죠.

그렇게까지 급했던 이유가 있어요?

그렇게까지 하지 않아도 됐겠죠. 하지만 말했다시피 배민이라는 브랜드를 살리는 게 가장 중요했어요. 사람들에게 관심을 많이 받고 있을 때 없애야 효과가 크다고 생각했어요.

내부 분위기는 어땠나요? 지난 5년 동안 중에 가장 위기였을 것 같은데요.

위기였죠. 머릿속으로 수수료 0%를 그려봤을 때 견딜 수 있을 거라 생각했지만 실제는 쉽지 않았어요. 저희가 테스트한 것만큼 지표가 빨리 움직여주지 않았죠. 그래서 매출과 자본상황에 심각한 타격을 실제 받았어요. 그때까지 사업 초반에 어려움을 겪은 걸 빼면 재무적인 관점에서 어려웠던 적은 없었거든요. 사업의 본질이 돈을 벌어야 한다는 것임을 뼈저리게 깨달았죠. 이익을 내지 못하면 사업은 재앙이에요.

개인이 사업할 때도 안 되면 괴롭겠지만, 직원 수백 명이 관련된 문제니까 더더욱 괴로웠겠죠. 그럴 때 마음이 어때요?

애가 탔죠. 저의 객기로 회사를 말아먹는 건 아닌가 하는 두려움도 들었고요. 나중에 사람들이 나에 대해 평가할 때 뭐라고 할까. 호기롭게 수수료 0%라고 해놓고 400명이나 되는 사람들을 실직자로 만들었다고 비난하는 건 아닐까 하는 생각도 했어요.

가맹점주들의 반응은 어땠어요?

이건 프레임의 문제인 것 같아요. 수수료를 받았을 때는 사장님들이 자신들 수입의 몇 퍼센트를 저희가 가져간다고 생각해요. 그런데 광고비라는 프레임에서는 이야기가 달라지죠. '전단지에 몇십 만 원씩 쓰는 것보다 배민에 십몇 만 원 광고비를 쓰면 주문이 더 많이 오네?' 하는 거예요.

사업을 배달로만 간주하면 다른 배달업체들이 일차적 경쟁자일 것 같은데, 누구를 진정한 경쟁자라고 생각하세요?

배민의 궁극적인 경쟁사는 바로 저희 자신이에요, 배민. 저희는 지금 배민을 넘어서서 어떤 세상을 만들 것인가에 대해 집중하고 있어요. 경쟁할 때는 경쟁자가 아니라 나만 의식하는 게 가장 맞지 않나 싶어요. 경쟁자를 의식하면 경쟁자랑 비슷해지잖아요. 그런데 별로 의식하지 않고 내 길을 그냥 뚜벅뚜벅 가면, 오히려 경쟁자가 나를 의식해서 나를 따라 하겠죠. 내가 무언가에 대해 스스로 고민하여 만든 것과 저 사람이 저렇게 하고 있으니 나도 해야지 하면서 만든 것과는 본질적으로나 결과적으로 완전히 다르다고 생각해요.

방어하는 회사와 공격하는 회사의 전략은 달라야 하겠죠?

다른 배달업체와 저희가 마케팅 전쟁이 한창일 때였어요. 저희는 저희 스타일 광고를 쭉 밀고 나갔잖아요. 그런데 그들은 '기능'에 대해 이야기했어요. 전화가 아닌 온라인에서 주문할 수 있다는 기능을 강조하더라고요. 원래 마케팅에서 1등은 '문화'를 이야기하고, 2등은 '기능'을 이야기하잖아요. 그래서 그쪽은 철저하게 2등 전략이구나, 우리를 넘볼 수는 없겠다는 확신도 들었어요.

그다음 저희가 내보낸 TV광고가 효과가 있었잖아요. 류승룡 배우님이 출연한 광고로 저희 인지도가 급격히 높아졌죠. 그러자 경쟁사도 갑자기 연예인들을 동원해서 자기스럽지 않은, 감성적인 이야기를 담아서 광고 캠페인을 하더라고요. 저희가 그렇게 해서 잘된 걸 보고 따라 했죠.

그렇게 하면 결국 그들은 우리 쪽으로 계속 넘어오는 거예요. 저희 홈그라운드에서 싸우는 격이죠. 공성전攻城戰을 할 때 보면 성을 지키는 쪽이 무조건 유리하잖아요. 저희는 계속 그 전략을 써요. 같은 광고비라도 경쟁사가 쓰는 비용의 절반만 썼어요. 공성전은 수비하는 쪽이 유리하기 때문에 저희는 계속 그 전략을 고수하려고 해요. 우리가 먼저 찍고, 우리의 방향으로 끌고 들어오자. 그리고 그때부터 방어에 들어간다. 상대가 만드는 이슈에 절대 따라가지 않는다는 게 원칙이에요. 상대방의 영역에 들어가야 한다 해도 충분히 때를 기다려 전력을 모아서 집중 포화해야 한다고 생각해요.

사실 우리 내부에서도 걱정하는 사람들이 있긴 하지만, 저는 경쟁사를 의식해서 전략을 짜기보다 경쟁사가 저희를 의식하게 만드는 게 옳다고 봐요.

고객이 할인쿠폰 같은 프로모션에 따라 많이 움직이는 편인가요?

데이터 분석을 해보면, 배달의민족만 쓰는 사람이 있죠. 또 경쟁업체 서비스만 쓰는 사람이 있고, 둘 다 쓰는 사람이 있어요. 그 중간에서 쓰는 사람이 왔다갔다하는 고객이고, 할인이나 프로모션에움직이는 고객들이에요. 그 비중이 크진 않아요.

저희는 저관여 서비스잖아요. 무료로 쓰는 서비스이기 때문에어떤 기능이 좋아서 쓴다기보다 별 생각 없이 앱에 접속하죠. 그래서 '아, 배민으로 시켜야겠다!' 하고 순간적으로 떠오르게 만들어주는 게 중요해요. 앱의 속도가 빠르고 어떤 점이 편리하고, 어떤 혜택이 있는지 하는 기능은 나중 얘기입니다. 저는 그렇게 생각해요.

브랜드를
어디까지
확장할까?

경쟁자와의 싸움에 휘말리지 않고 내 것을 하겠다는 배민의 전략이 막연한 자신감은 아닐 것이다. 현재 1위이기 때문에 할 수 있는 말도 아닐 것이다. 시장점유율이 높아진다고 그 기업이 계속해서 성장하는 것은 아니다. 파이가 커지지 않는 상황에서 허구한 날 1등 해봐야 제자리걸음일 뿐이다.

파이를 키우는 일은 기업이 제공하는 '제품 및 서비스'와 고객으로 구성되는 '시장'의 두 가지 축을 중심으로 본다. 마케팅 활동은 결국 제품 또는 서비스와 고객을 만나게 해주는 것이기 때문이다. 이런 만남의 장場은 전략적 창의성이 가장 많이 요구되는 분야이기도 하다.

그런 점에서 배민이 언급한 '푸드테크(Food-Tech)'라는 용어는 시사하는 바가 크다. 김봉진 대표가 국내에서 처음 사용한 단어로, 음식배달 산업에 IT를 접목해 탄생한 새로운 산업분야를 뜻한다.

푸드테크를 좀 더 구체적으로 설명한다면요?

음식과 기술의 합성어죠. 저희는 국내 최초로 저희 회사를 '푸드테크'라는 단어로 소개했어요. 사람들은 저희를 O2O(Online to Offline) 회사로 바라봤죠. 온라인에서 주문하면 오프라인에서 제공되는 서비스니까요.

하지만 저와 직원들의 생각은 조금 달랐어요. 서비스를 시작한 후 6년 동안 우리가 무얼 했나 봤더니 사람들에게 새로운 경험을 만들어줬더라고요. 온라인으로도 얼마든지 음식을 시켜 먹을 수 있구나 하는 경험을 만들고 습관을 바꿔주었죠. 그렇게 생각해보니 우리가 앞으로 무엇을 할지가 보였어요.

'푸드테크'라고 정의하는 순간 저희가 시장에서 할 수 있는 것과 할 수 없는 것이 정리되었죠. 우리가 할 수 있는 것은 깊게 들어가고, 하지 말아야 할 것들이 무엇인지 정리한 셈이랄까요. '푸드 O2O 서비스'라고 규정하면, 물건 운송이나 이삿짐 배송, 꽃 배달과 같은 일반 택배를 하려고는 안 하겠죠. 우리는 무조건 음식배달만 합니다. 좋은 음식을 원하는 장소에서 먹을 수 있도록 돕는 것이 저희의 새로운 미션입니다.

좋은 음식을 먹고 싶은 곳에서 먹도록 돕는 게 미션이라면, 지금 상황에서 어떤 영역을 더 확장해야 할까요?

일단 '물류'를 확장해야겠죠. 배민은 많은 이들에게 맛있는 음식을 먹고 싶을 때 습관적으로 떠올리는 서비스가 되었지만, 서비스의 특성상 메뉴와 배달 가능한 시간, 품목 등에 제약이 있을 수밖에 없잖아요. 일단 유통을 확보하는 것과 제품군을 늘리는 게 중요하죠. 그중 대표적인 게 '배민프레시'예요.

배민프레시는 어떻게 시작하게 됐죠?

배달할 수 있는 음식의 카테고리를 넓히면서 신선식품을 어떻게 배송할 것인가를 고민하게 됐어요. 마침 덤앤더머스라는 정기배달 물류 스타트업이 있었는데, 저희와 컨셉이 잘 맞더라고요. 덤앤더머스는 우유나 일부 건강식품에 한정된 정기배달 서비스를 여러 상품군으로 확대하고 있었고요. 그래서 함께 일하게 됐습니다.

그래도 무턱대고 제품군을 넓힐 수는 없잖아요? 브랜드 컨셉이 불분명한 상황에서 덩치만 키우려다가는 오히려 악화될 수도 있고요.

네, 무분별한 확장은 저희도 지양하고 있어요. 일단 품질 좋은 음식, 신선한 배송이라는 게 배민프레시의 강점이고요. 컨셉은 싱글족, 맞벌이 부부의 라이프스타일에 꼭 맞는 신선하고 건강한 가정식(Daily Meals)을 배송해주는 '모바일 푸드마켓'입니다. 150여 개의 파트너사와 함께 3000여 개의 상품을 제공하고 있는데요. 저희가 인수한 업체들은 해독주스 1위 브랜드인 '츄링', 고급 도시락 업체 '옹가솜씨', 반찬 정기배송 업체 '더푸드', 베이커리 브랜드 '헤이브레드' 같은 곳들이에요. '좋은 음식을 먹고 싶은 곳에서'라는 비전을 실현해가는 거죠.

점점 브랜드가 많아지는데 각 브랜드들의 포트폴리오 상 균형은 어떻게 구성되나요?

내부적으로 포트폴리오를 구성하고 있긴 하지만 아직까지는 '음식'과 '배달'이라는 두 축을 중심으로 생각하고 있어요. O2O 비즈니스는 '모바일'과 '편의성'이라는 장점으로 초기에는 어느 정도 성장하기가 쉬워요. 그런데 시간이 흐르면서 '고객 정체'라는 벽을 맞게 되죠. 말하자면 온라인이 줄 수 있는 기존의 가치를 뛰어넘는, 차별화된 무언가를 제공해야 돼요. 저희는 그걸 하고 싶어요. 그래야 더 큰 시장으로 갈 수 있죠. 그게 바로 '음식'과 '배달'이라는 두 가지 축의 확장인데, 배민프레시가 '음식'의 주된 축이라면 배민라이더스는 '배달'의 축입니다.

처음에는 서울 송파구에서 파일럿으로 시작했어요. 치킨이나 피자 같은 기존 배달음식 말고 배달이 안 되는 음식까지 주문할 수 있는 서비스죠. 배민 앱으로 주문이 들어오면 지점에서 대기 중인 라이더가 픽업해 배달해주는 시스템이에요. 현재는 강남, 서초, 송파, 관악, 용산, 일산 등에서 서비스하고 있어요. 배달이 안 되던 유명 맛집의 음식 배달을 중개하면서 틈새시장을 노린 것이 적중했죠.

그런 서비스는 배민라이더스 말고도 있지 않나요? 차별화 포인트가 있다면요?

물론 유명 맛집의 음식을 배달하는 업체들도 있죠. 그런데 저희 경우에는 배달문화 개선에 많은 영향을 미쳤다고 생각해요. 배달원들

니즈 말고 원츠

물을 크리스털 잔에 따라 마신다고 건강이 더 좋아지는 것도 아니고 물맛도 같을지언데, 왜 비싼 크리스털 물잔을 사려 할까? 향초가 꼭 필요해서 살까? 명품백이 가격만큼 기능이 더 좋아서 사는 걸까? 이에 대한 대답을 정리한 《사람들은 필요하지 않은 물건을 왜 살까(Why people buy things they don't need)》라는 책이 있다.

답을 한마디로 요약하면, 니즈(needs)가 아닌 원츠(wants) 때문이다. 20세기에는 니즈만으로도 시장이 형성되었지만, 이제 니즈는 상당 부분 충족되었다. 21세기 마케팅의 초점은 원츠의 충족이다.

카메라를 잘 아는 친구에게 가장 좋은 디지털 카메라를 소개해 달랬더니, 서슴없이 소니 RX-1을 추천한다. 그저 아무렇게나 찍어도 다 잘 나온다는 것이다.

그럼 그 친구는 무슨 카메라를 가지고 있을까? 라이카 M이다. 수동포커스에, 줌도 되지 않으며, 보이는 화면과 찍히는 화면이 동일하지 않은 레인지 파인더range finder 방식이니 불편하기 짝이 없다. 그래서 왜 그 좋다는 소니를 안 샀느냐고 물었더니, 조작이 '너무 쉬워서' 재미가 없단다. 가격은 어떤가? 렌즈 빼고 본체만도 소니 카메라의 3배 가격으로 900만 원에 이른다. 왜 그 카메라에 집착하느냐고 했더니 "디지털 카메라지만, 아날로그 감성을 느낄 수 있기 때문"이란다.

'원츠'의 세상에서는 사람들이 편리함만을 추구하지 않는다. 비싼 가격도 마다하지 않는다. 안 사도 될 걸 사게 만들고, 고장 나지 않았는데도 또 사게 만들고, 더 비싸게 사도록 만드는 것이 원츠이지만, 그를 통해 사람들의 행복감과 만족은 더 높아진다. 원츠의 세상에서는 가격의 제한도 없고, 수요의 끝도 없다. 원츠를 자극할 수 있다면, 바로 그곳에 블루오션 시장의 기회가 있다.

의 처우나 업무환경이 좋지 않았어요. 고객들도 배달원에 대해 좋지 않은 이미지를 갖고 있었고요. 그런 걸 개선한다면 배달문화가 전반적으로 좋아지고, 배달음식에 대한 이미지도 더 나아질 거라고 생각했어요. 그래서 저희 나름대로 교육을 합니다.

배민이 겨냥하는 원츠 시장은 뭔가요?

일단 다이어트 같은 부분은 '니즈'가 아닌 '원츠'의 영역인 것 같아요. 사실 배민프레시는 건강이나 다이어트, 웰빙에 대한 사람들의 관심이 늘어난 덕을 봤죠. 신선식품 말고도 오프라인에서 인기 있

배민 라이더스 헬맷

독특한 민트색 헬맷은 초창기 배민라이더스를 알리는 데 중요한 역할을 해냈다. 헬맷 뒤에는
원하는 문구를 새기고, 안쪽에는 사랑하는 사람의 사진을 넣을 수 있게 디자인되어 있다.
헬맷을 쓸 때마다 그 사진을 보면서 안전운전을 다짐할 것이다.

는 음식들을 입점시키면서 매출이 증가했으니까요.

　굉장히 유명한 빵이 있는데 거기까지 가서 음식을 직접 사먹을 수 없는 소비자들이 있잖아요. 배민프레시 때문에 온라인 맛집순례가 가능해졌죠. 니즈가 아닌 원츠의 영역입니다.

그 밖에 어떤 사업을 준비하고 있나요? 가령 음식을 담는 그릇을 취급한다거나 하는 건 아니고, 철저히 식품, 음식에 국한된 거죠?

네, 그런 건 아직 생각 안 해봤어요. 지금까지는 철저히 음식이죠. '배민쿡'이라는 반조리 제품을 베타 서비스 중인데 어떻게 될지는 모르겠어요.

미국의 블루에이프런Blue Apron과 같은 레디투쿡ready-to-cook 배달 서비스를 생각하시는군요.

네, '요리합시다 : 배민쿡'이라는 서비스인데, 식재료와 레시피 카드로 구성된 쿠킹박스를 정기배송하는 서비스예요. 쉽지 않은 비즈니스라는 생각은 들어요. 저희가 '좋은 음식을 먹고 싶은 곳에서'라는 미션을 세울 때 '먹고 싶은 곳'은 물류에 대한 문제였지요. 그래서 '사륜 냉장차량'과 'B2C', '고객의 집 앞', 3가지를 키워드로 삼았어요.

　그럼 이제 '좋은 음식'의 문제가 남았잖아요. '좋은 음식'을 여러 가지로 정의할 수 있겠지만, 그중 하나가 '사랑하는 사람을 위해서 만드는 음식이에요. 음식의 맛뿐 아니라 '사랑이 담긴 과정을 같이 공유'하는 것이 중요한 것 같아요. 이게 네 번째 키워드입니다. 이 진심을 담아보고자 반조리 식품을 기획하게 됐습니다.

홈쇼핑 같은 곳에서도 반조리 식품이 나오잖아요? 그것과 뭐가 달라요?

일단은 유명 호텔 셰프들을 섭외해서 만들 정도로 퀄리티에 공을 많이 들였고요. 아직까지는 단품 판매가 아닌 정기구매 모델을 염두에 두고 있어요. 한 번 시켜먹고 다음에 또 생각나면 먹는 게 아니라 그냥 계속 배달해서 먹게 하죠. 현재는 매주 토요일 아침마다 배송되는데 6주 정도 하면 습관으로 굳어지게 된다고 봐요. 많이 팔기보다 정기구매로 구매한 고객이 만족해서 다른 사람에게도 추천하는 방식을 고려하고 있습니다.

처음 타깃은 다름 아닌 우리 회사 구성원들이에요. 우리 구성원들 중에서 20명의 마니아만 만들면 이 사업은 끌고 갈 수 있다고 생각해요. 다수의 고객보다는 완전히 만족하는 소수 고객 체제를 구상하기 때문에 다른 배달음식보다 객단가가 높아요. 사고 싶다고 다 살 수 있는 게 아니라 초대장을 받은 사람들이 6주 동안 체험해보고 다시 다른 사람들에게 초대장을 보내면 그분들이 들어와서 구매할 수 있어요. 이 모든 음식의 비주얼은 인스타그램이나 페이스북에 올리기 좋도록 만들고 있고요. 그래서 요리뿐 아니라 요리에 관한 스토리도 함께 넣어요.

가령 오코노미야키라고 하면 그 음식이 어느 지방에서 시작되었는지, 언제 먹는 음식인지, 어떤 영화에 나왔는지 등을 알 수 있어요. 음식을 만드는 과정도 중요하지만 음식을 만드는 사람이 계속해서 대화를 이끌어갈 수 있게 되죠.

와인을 마실 때와 비슷해요. 사실 와인이 맛있어서 먹기도 하지만 와인을 추천해주는 사람이 와인 한 병 들고 오면서 그에 대한 이야기를 하잖아요. 이게 어느 지방에서 어떻게 나온 건지 꼭 곁들이는 사람들이 있죠. 음식에 대한 스토리와 전체적인 체험을 만들어주려는 데 집중하고 있어요. 지금 내부 테스트를 거치고 있는데, 대단히 재미있어하고 만족스러워합니다.

수수료를 없앤 후엔 잠시 재무적 어려움을 겪었다고 했죠? 푸드테크를 선언한 이후에는 투자도 많이 받았다고 들었는데, 어떤 논리로 투자자들을 설득했는지 궁금해요.

투자자들을 설득할 때 문화나 브랜드 이야기보다는 수치와 전망 등이 더 중요하게 작용하는 것 같아요. 얼마나 크게 성장할 수 있는 시장인지, 거기서 어느 정도 지배적인 사업자가 될 수 있는지를 숫자로 이야기할 수 있어야겠죠.

저희가 계속 강조하는 건 '푸드 e-커머스 시대'가 반드시 온다는 거예요. 지난 5년간 배민은 '온라인에서 음식을 시켜먹을 수 있다는 체험'을 만들어줬잖아요. 이제 치킨, 피자뿐 아니라 다양한 음식을 배달해 먹을 수 있으면 F&B 사업 자체가 근본적으로 변할 거라고 봐요. 이러한 흐름은 '그럼 어떤 투자들이 선행되어야 하는가?'에 대한 근거가 되죠.

아마존도 처음에는 책으로 시작했지만, 지금은 별의별 걸 다 배송하잖아요. 사람들은 인터넷에서 무언가를 구매하는 데 빠르게 익숙해져가고 있어요. 어떤 물건이든 구매할 수 있는 상황으로 이미 변했고, 승부는 인프라를 얼마나 잘 깔아주느냐에 달려 있겠죠. 소셜커머스나 오픈마켓 등 모든 온라인 업체가 잘되려면 사실 유통이 잘되어야 해요. 아니면 아마존처럼 자체 물류망을 갖추거나. 음식 배송은 다른 제품보다 더 까다롭죠. 형태가 망가지지 않아야 하고 온도도 유지되어야 하니까요.

그런데 우리나라에서는 음식 로지스틱스를 해결해줄 수 있는 곳이 많지 않아요. 대형 F&B 사업자는 콜드체인 냉장차량 수천 대를 갖고 있지만, 말하자면 B2B잖아요. 공장에서 프렌차이즈 지점까지 잘 실어주는 거죠. 저희는 B2C예요. 고객 집 문 앞까지 가져다준다는 점이 완전히 달라요.

투자자에게 이 부분을 계속 강조해요. 그게 저희의 과제이기도 하고요. 한국의 음식시장이 얼마나 크고, 어느 정도 배달사업으로 전환될 수 있는지 투자자들에게 설명해야죠. 우리가 계속 지배적인 사업자로 남는 한 어느 규모까지 우리를 통해서 거래가 이루어지고, 어느 정도까지 마진을 취할 수 있는지를 설명해요.

아마존도 음식을 배달하고 있죠?

네, 아마존도 이미 시작했죠. 아마존프레시 같은 경우는 식재료나 신선식품을 배달하는 그로서리 서비스(grocery service)를 하고 있고요. 우버도 이미 레스토랑 음식을 배달하는 사업에 뛰어들었어요.

F&B에서 배달 시장이 어느 정도를 차지할 거라고 보세요? 얼마나 커질까요?

이건 기존의 사례들을 분석하고 약간의 감을 곁들여서 얘기할 수밖에 없는데요. e-커머스 시대를 맞으면서 대부분의 국가에서 오프라인상 유통의 약 20% 이상이 온라인구매로 전환됐어요. 우리가 마트에 가거나 식당에 가서 먹는 음식들 중에서 최소한 20% 이상은 전환될 수 있다고 봐요. 그러는 동안 e-커머스는 더욱더 성장하겠죠. 왜냐면 젊은 친구들은 그게 더 익숙하니까요.

그럼 20%로 끝이냐, 계속 성장하리라고 봐요. 전체 시장은 어디까지를 음식 시장으로 보느냐에 따라 다르지만, 식자재 포함한 시장까지 보면 20조가 넘고요. 완성된 음식까지로 간주하면 70조가 넘는 시장이에요. 시장은 굉장히 크죠.

F&B 산업의 패러다임과도 연결되는 문제네요.

네, 그렇죠. 음식시장의 패러다임이 크게 바뀔 거예요. 많은 음식점들이 사업의 본질을 사실은 부동산이라고 보더라고요. 임대료가 워낙 비싸니 부동산을 소유하고 있는 게 아니면 요식업 자체로는 돈을 벌기 힘들죠.

우리가 지불하는 음식 가격에는 20~30% 정도의 부동산비가 포함되어 있다고 보시면 돼요. 온라인에서 시켜먹는 음식을 보면 객

커뮤니티 마케팅

현재 미국 전역에 분포된 9곳의 에이스 호텔을 보면, 객실 점유율이 비수기 80%, 성수기 95%라고 한다. 이 호텔을 슬쩍 보면, 기존의 호텔과는 거의 정반대 개념인 특성이 많다. 로비를 개방하는 데 그치는 게 아니라 사람들을 끌어들였고, 리셉션 창구는 정면이 아니라 구석에 위치시켰다. 냉장고에 가득한 음료수는 무료이며, 호텔답기보다는 편안하면서도 스타일리시한 가정집처럼 꾸몄다. 입지 또한 번화가를 피해 외진 곳에 자리 잡았고, 호텔 고유의 인테리어 없이 지역마다 서로 다른 디자인으로 개성을 자랑한다.

뭐든지 기존의 호텔들과는 반대로 한 듯 보인다. 그러나 잘 들여다보면, 무조건 반대로 한 것이 아니고 오히려 호텔의 본질에 대한 깊은 성찰을 통해 차별화를 이루었음을 알 수 있다.

에이스 호텔의 창립자 알렉스 콜더우드Alex Calderwood는 호텔에 문외한이었다. 시애틀의 구세군 보호소 건물을 호텔로 개조해보지 않겠냐는 제의를 받고 문화 교류의 장場으로 만든 것이 에이스 호텔의 시작이었다. 스스로 '문화 엔지니어(Cultural Engineer)'라 부르던 그는 안타깝게 47세의 나이에 세상을 떠났지만, 그의 정신을 CEO 브래드 윌슨Brad Wilson이 이어가고 있다. 호텔 업業을 정의한 그의 말이 인상적이다.

"우리는 '호텔 사업'을 한다고 생각하지 않습니다. 우리는 '커뮤니티와 문화적 장소를 창출하는 사업'을 하는 것이지요. 호텔은 우리의 가치를 표현하기 좋은 플랫폼이라 생각할 뿐입니다."

플랫폼을 중심으로 시장을 확장해나가는 사업은 일본의 서점, 츠타야Tsutaya도 좋은 예다. 일반적으로 서점은 중고생의 학습지로 많은 수익을 올리지만, 츠타야는 학습지를 취급하지 않는다. 타깃이 아니기 때문이다. 츠타야의 타깃은 1970~80년대 일본의 고도성장기를 이끌어내고 지금은 대다수가 은퇴한 단카이 세대(베이비붐 세대)다. 그들은 시간의 여유뿐 아니라 자금의 여유도 있다. 츠타야는 그들을 정조준해 각 지역에 걸맞은 도심 속 여유로운 공간을 연출하여 플랫폼을 조성하고 있다. 그 공간을 찾아 츠타야에 온 고객들의 라이프스타일에 맞는 서비스와 콘텐츠를 개발하며, 책이나 음반을 넘어 여행상품에서 고급 가전제품에 이르기까지 온갖 생활용품을 팔고 있다.

여기서 눈여겨보아야 할 것이 플랫폼에 기반한 커뮤니티의 구성이다. 다시 말해 비슷한 취향이나 라이프스타일을 가진 사람을 한데 모으는 작업이 필요하다.

카카오를 예로 들면, 카톡은 사람들을 모으는 커뮤니티 센터(Community Center)가 된다. 그 센터를 기반으로 카카오 게임, 카카오 택시, 카카오 대리운전 등, 끊임없이 사업을 구성해 나가는 것이다. 타깃을 정해 커뮤니티 센터를 형성한 후, 그들의 라이프스타일을 파고드는 전략은 최근 마케팅의 주류(mainstream)로 떠오르고 있다.

배달의민족도 마찬가지다. 식품주문 및 유통이라는 업의 본질에 따라 이용 빈도가 높은 고객들의 취향을 파악한 후, 커뮤니티 센터를 구축하여 그들의 삶과 소비패턴에 파고드는 것이다.

이제 마케팅은, 업의 본질에 맞는 타깃 고객을 설정하고 그들이 라이프스타일을 계속 업그레이드할 수 있도록 맞춤화된 상품을 제시하는 형태로 바뀌고 있다. 그들의 욕구와 생활패턴에 걸맞은 제품이나 서비스를 제공하는 사업이야말로 지속가능한 비즈니스가 될 것이다.

단가가 1회 2만 원 정도예요. 그중 6000원 정도가 부동산 비용인 셈이죠. 6000원이면 우리나라 물류비로 집 앞까지 친절하게 배달해 주고도 남는 돈이잖아요.

예를 들어 프랜차이즈 사업자가 강남구 전체를 커버하려고 하면 최소 15~20개, 아니 더 많은 가맹점이 필요할지도 몰라요. 그래야 고객이 먹고 싶을 때 고객의 집 앞에 있는 가까운 레스토랑을 찾아갈 수 있을 거예요. 그런데 고객이 레스토랑까지 걸어오는 게 아니라 오토바이로 음식을 배달하게 되면 한 레스토랑이 커버할 수 있는 범위가 넓어지잖아요. 그럼 훨씬 더 적은 수의 레스토랑만 운영해도 되겠죠. 부동산비용, 가맹비가 확 줄어들면서 산업 전반의 구조를 바꿀 수 있는 큰 변화가 될 거라고 생각해요.

그런 관점에서 보면, 단순한 음식배달 사업이 아니군요.

그렇죠. 지금도 이미 오프라인에 있는 고급 레스토랑의 음식을 배달해주잖아요. 그런데 이제는 '오프라인 레스토랑'을 기반으로 한 가게가 아니라, '키친'을 기반으로 한 가게가 생길 수 있다는 거예요. 완전히 이야기가 달라져요.

쉽게 비유하자면 e-커머스화된 후에 물류와 유통 쪽에 많은 변화가 생겼죠. 전에는 우리가 전자제품을 사려면 용산이나 강변의 테크노마트 같은 데 갔잖아요. 수많은 매장들이 있었죠. 그런데 온라인 업체들이 활성화되면서 이제는 그런 매장이 많이 줄어들었죠. 비싼 인대료, 권리금 내고 거기 있을 이유가 없잖아요. 그 비용을 아껴서 구매파워를 키우는 게 훨씬 낫죠. 대량으로 물건을 구매해서 집중적으로 싸게 유통시킬 수 있으니까요.

매장은 또 어때요. 면대면으로 관리하는 사람이나 매장 점원이 필요한 게 아니죠. 인터넷에 댓글 잘 달아주는 사람이 필요해요. 누가 Q&A란에 질문 쓰면 댓글 달아주고 전화 오면 전화로 이야기해주고. 시스템이 완전히 바뀌었잖아요.

저희는 음식시장도 그렇게 바뀔 거라고 봐요. 푸드 e-커머스시대가 올 겁니다. 5년 전만 해도 음식을 이렇게 온라인으로 많이 시켜

온라인 시대의 새로운 가치들

페이팔의 창업자 피터 틸은 《제로투원(Zero to One)》에서 미래를 향한 진보에는 수평적 진보와 수직적 진보가 있다고 주장한다. 수평적 진보는 효과가 입증된 것을 흉내 내어 만드는 것, 즉 1에서 n으로 확장하는 것을 뜻한다. 반면 수직적 진보는 새로운 일을 하는 것, 즉 0에서 1로 집약시키는 것을 뜻한다.

사람 간의 음성통화가 가능한 전화기를 보고 다른 모양이나 다른 색깔의 전화기를 만들었다면 수평적 진보(1 to n)다. 그러나 전화기에 근거해 스마트폰을 만들었다면 수직적 진보(0 to 1)다. 수직적 진보를 가능하게 하는 것은 기술인데, 특히 최근 급속한 발전을 한 IT 기술의 영향이 크다.

IT 기술을 활용할 방안을 엿어보면, 통념적으로 보던 사업들이 새로운 각도에서 보인다. 여기에 제로투원의 가능성이 펼쳐진다. 낯선 해외 여행길에 오르면 비싼 호텔이나 불편한 유스텔에 머물 수밖에 없었다. 이때 집주인이 쓰지 않는 편안한 공간을 저렴하게 빌려줄 사람을 연결해준다면 누이 좋고 매부 좋고 원−원 아닌가. 예전에는 누가 이런 생각을 했더라도 가능하지 않았다. 민박이 없었던 것은 아니나 찾기도 힘들고 신뢰하기도 어려웠다. 기술의 진보에 힘입어 민박을 사업으로 일군 것이 에어비엔비Airbnb다.

우버Uber도 마찬가지다. 대중교통이 여의치 않은 곳에서 할 수 없이 타는 택시라면 바가지를 쓸 수도 있고 가격 때문에 겁도 난다. 멀지 않은 거리를 이동할 사람과 차를 가진 사람을 단순히 연결해 주는 것만으로 수백억 달러짜리 기업을 세울 수 있으리라고 누가 상상이나 했겠는가.

프랑스 소설가 마르셀 프루스트Marcel proust가 남긴 "진정한 발견의 여정은 새로운 경치를 찾는 것이 아니라, 새로운 시각으로 보는 것에 있다"라는 말이 되새겨지는 순간이다.

먹을 줄 몰랐잖아요. 그럼 다음 시대는 또 어떻게 바뀔까요? 그런 것들을 끊임없이 생각하고 준비해야겠죠. 그게 저희 과제이기도 하고요.

3부

내부 브랜딩 :
안에서부터 시작한다

5 장

아이덴티티

어떻게 배민스러움을
쌓아갈 것인가

"저의 관심은 배민스러움을 차곡차곡 쌓아가는 일입니다."

조직에 어떻게
고유의 색을
입힐까?

성과에서 자유로운 기업은 없다. 배민 같은 스타트업일수록 투자자들에게 성과를 보여줘야 하기 때문에 더더욱 단기 성적에 민감할 수밖에 없다. 대부분의 스타트업이 일회성 캠페인이나 프로모션에 주력하는 이유이기도 하다. 그러나 배민은 그 어떤 브랜드보다 브랜드 정체성(Brand Identity)이 뚜렷하다. 처음부터 지금까지 '배민스러움'을 꾸준히 쌓아온 덕분이다.

단기적인 성과를 계속해서 보여줘야 하는 기업에서 브랜드 정체성을 고집하기란 결코 쉬운 일이 아니다. 배달업체는 많고 지금이라도 또 생겨날 수 있지만, 배민이 사람들로부터 각별한 관심을 끄는 것은 '배민스러움'을 만들었기 때문이 아닐까? 브랜드 정체성의 바탕이 B급 문화이든 키치든, 그 문화적 맥락을 이어가는 모습은 한국 기업으로선 보기 드물다.

그런데 정작 더 중요한 것은 이를 겉으로만 표방하는 것이 아니라 직원들로부터 스며나와야 한다는 점이다. 즉, 그런 정체성이 내재화되고 체화되어야 한다. 배민 회사에 방문해보면 그들이 내세우는 문화가 사무실 곳곳에 배어 있고, 직원 개인에게도 체화되어 있음을 느낄 수 있다.

구글의 자유롭고 창의적인 사무실 분위기는 늘 부러움의 대상이자 화제였다. 한국 기업이 그렇게 할 수 있을까? 배민이 그렇게 하고 있다. 그들이 어떻게 자연스레 배민의 정신(spirit)과 가치(value)를 체화시켜나갔는지 그 과정을 들여다보자.

다양하고 흥미로운 프로모션이나 광고 등에 대해 잘 들었는데요. 예를 들어, 잡지테러 같은 광고를 그냥 재미만을 위해 만든 건 아닐 것 같은데요.

솔직히 잡지에 한 페이지 광고가 나갔다고 해서 사람들이 갑자기 배민을 막 기억해주고 매출액이 눈에 띄게 오르는 건 아니잖아요. 요즘 잡지 보는 사람들도 줄었고요.

그런데 저희는 매월 하나씩 잡지를 선정해서 이걸 3년 넘게 하고 있어요. 잡지 광고는 마케터와 디자이너를 배민답게 훈련하는 좋은 방식이에요. 계속 '배달의민족스러운' 것을 내부에서 만드는 작업이지요. 한 달 동안 저희 구성원들이 카피 뽑는 회의를 해요. 단톡방에서 계속 이야기하면서 배민스러운 게 뭔지 논의하는 거죠.

이 훈련을 계속한다는 것은 내부적으로 브랜드 정체성을 체화시키는 과정이기도 해요. 브랜드 가이드 같은 것을 만들어놔도 직원들이 안 읽잖아요. 하지만 잡지광고 아이디에이션 과정을 통해 나도 모르게 배민 브랜드를 내재화하는 거죠. 구성원의 마음이나 몸에 브랜드다움을 체화시키는 것이 브랜딩에서 가장 우선적 단계 아닐까요.

회사의 브랜드 정체성은 공기나 물과 같은 거라고 생각해요. 그 회사를 지배하는 거죠. 브랜드에서 가장 중요한 것은, 네이버는 네이버다워야 하고 애플은 애플다워야 하는 것이거든요. 우리는 브랜드를 만드는 사람들이니까 그걸 느낄 수 있도록 하고 있어요. 36개 넘게 만들었죠.

브랜드 개념을 체화시키기에 정말 좋은 방법이네요.

카피를 뽑아내는 과정 속에서 우리 마케터와 디자이너가 계속 아이디어를 던지고, 까이고, 죽은 걸 살리기도 하고 그래요. 그러다가 어느 순간 '이거 괜찮은 것 같아, 좋은 것 같아' 하다가 더 다듬는 과정에서 마지막에 딱 떨어지는 문구가 나와요. 그걸로 잡지광고를 하는 거예요. 구성원들이 시나브로 '배민스러운' 사람이 되어버리는 순간이기도 하죠.

카피를 뽑아내는 데도 가이드가 있어요. 욕설이 들어가면 안 되고 다른 사람을 비방하면 안 돼요. 재미있다고 해도 누군가 불편한 마음이 들어서도 안 돼요. 그냥 경쾌하게 끝내거나 중의적 의미가 들어가야 해요. 저희가 언어적 유희를 시도하긴 하지만, 어떤 특정인을 비방하면서 재미를 유도하거나 뭔가 비꼬는 것은 하지 않아요. 그냥 모든 카피가 깔끔하게 떨어지도록 의도하죠. 보고 나서 유쾌하고 경쾌하다고 느끼면 돼요. '풋!' 혹은 '아~'라고 저희끼린 표현하거든요. '풋!' 하며 가벼운 웃음을 짓거나 '아~' 하며 기분좋은 깨달음을 느끼게 하는 것, 그게 우리가 소비자에게 기대하는 반응(expected response)이니까요.

말이 그렇지 브랜드 가이드가 꽤 제약이 되겠는데요. 그런 크리에이티브 역량을 키우기 쉽지 않은데 말이죠.

저희가 창의성에 대해 이야기할 때 중요하게 생각하는 게 있어요. '제약이 창의성을 일깨운다'예요. 제약은 창의성을 가두는 게 아니라, 제약을 극복하기 위해 창의성이 발휘된다고 봐요.

우리는 보통 수백억 원이 있으면 멋진 작품을 만들 수 있다고 생각하는데, 아니거든요. 모든 위대한 작품이나 창의적인 솔루션은 시간적인 제약, 물리적인 제약, 자원의 제약들이 엄청 많았던 것이더라고요.

유명한 미술작품들을 봐도 내가 100억 원을 줄 테니 당신이 정말 만족할 때까지 최선을 다해서 만들어오라고 한 건 없거든요. 전쟁에서조차, 예를 들어 이순신 장군을 봐도 명량해전에서 제약이 많았죠. 수많은 적들이 있었지만 창의적 전략으로 깬 거잖아요. 뭐가 됐든 어렵고 제약된 환경에서 창의성이 태어나곤 하죠.

그래서 제약을 역으로 이용해서 훈련을 계속해요. 타깃이 매우 좁다는 게 일차적 제약이고 두 번째가 시간이에요. 한 달 안에 마감해야 한다는 것. 좋은 카피는 대부분 마감 전날 나와요. 그걸 계속 반복해서 숙련된 인사이트를 내부에 내재화하는 것, 그것이 또한 역량 강화겠죠.

숙련된 체험에서 나오는 인사이트를 중요하게 생각해요. 무언가에 숙련되었다는 것은 그동안 작업을 반복해왔다는 거잖아요. 어느 정도의 시간과 성실성을 보증하고 있는 거죠.

브랜드 컨셉을 체화시켜라

내부 브랜딩(internal branding). 많은 기업이 내부 브랜딩을 소홀히 여기는 편이다. 어쩌면 이 부분이 배민의 경영방식에서 배울 점 가운데 가장 중요한 부분이 아닐까 생각된다. 그래서 이 개념에 대해 다소 길게 설명하려 한다.

많은 기업들이 업의 개념이라든지 미션, 비전 등을 설정한다. 그러나 아무리 잘 만든 것이라도 그것을 액자에 걸어놓거나 홈페이지 첫 화면에 띄워놓기만 해서는 아무 의미가 없다. 회사 구성원에게 회사의 미션이나 비전을 내재화(internalize)하는 것이 중요하다.

우리나라 핸드백 시장에서는 오랜 기간 MCM이 시장의 리더였으나 루이까또즈Louis Quatorze: LQ가 열심히 노력한 덕분에 MCM을 많이 따라가고 있었다. 이렇게 상승세에 있을 때 LQ가 MCM을 추월할 계기를 마련하고자 새롭게 '슬로건'을 만든다.

당시 MCM과 LQ를 비교하자면, MCM은 젊은 이미지를 표방하는 데 반해, LQ는 다소 나이 들어 보인다는 말을 듣기도 했다. 그런데 약점을 뒤집어 보면 강점이 되는 법. 올드해 보이는 듯한 이미지는 성숙해 보인다든지 직장인 느낌이 난다든지 세련되어 보인다고 표현할 수도 있겠다. 이 느낌을 집약해서 그들은 '이지적(intellectual)'이라 표현했다.

MCM 디자인이 소위 블링블링하다는 말로 표현되는 것처럼 밝고 현란한 반면, LQ 디자인은 꽤 점잖다. 그래서 눈에 확 띄진 않지만 늘 한결같아 쉽사리 질리지 않는 것이 장점이다. 이런 점을 한마디로 '우아하다(elegant)'고 표현하여, 브랜드 컨셉을 '이지적 우아함(Intellectual Elegance)'이라고 정했다.

본사 중역들은 이것이 바로 LQ가 지향하는 것이라며 매우 만족했다. 그리고 이 컨셉을 전국의 100군데가 넘는 매장에 전달했다. 그런데 이 말의 의미를 일선의 판매원들이 제대로 소화하지 못하거나 서로 다르게 해석하는 것을 발견했다.

이에 LQ 본사에서는 전사적으로 직원교육을 실행했다. 우선 '이지적 우아함'이란 무엇인가에 대해 설명했다. 또한, 당시 평창

동계올림픽을 성공적으로 유치해낸 나승연 대변인을 예로 들며 이지적으로 우아한 사람의 표상도 보여주었다. 그뿐 아니라 이지적 우아함이 깃든 행동은 어떤 것일까 등을 자세히 설명해주었다.

아마도 많은 기업이 이쯤에서 만족하고 교육을 마칠지 모른다. 그런데 LQ에서는 1년에 걸쳐 본격적인 체화 프로그램을 진행했다. 두 달 간격으로 여섯 꼭지의 과제를 내주는 프로그램이었다. 첫 꼭지에서는 두 달 안에 본인이 보고 싶은 공연이나 연극, 전시나 영화 등 문화행사를 보도록 했다. 그리고 그 공연에 나온 사람들 중에 '이지적으로 우아하다'고 생각되는 사람을 찾아내고, 왜 그렇게 생각했는지를 적어내는 것이 과제였다. 물론 티켓은 회사에서 무료로 제공했고, 과제를 잘한 사람들은 공개적으로 발표하고 포상했다.

두 번째 꼭지에서는 두 달 안에 어떤 책이든 2권 이상 사서 읽도록 했다. 그리고 그 책에 나온 사람 중에서 이지적으로 우아해 보이는 사람을 뽑아 왜 그런지 적어내게 했다. 세 번째 꼭지에서는 길을 다니다가 이지적으로 우아하다고 생각하는 사람을 발견하면 사진을 찍든지 스케치를 해서 올리며 왜 그렇게 생각했는지 적도록 했다.

그런 식으로 여섯 번의 결과를 발표하며 매번 크게 포상하자, 전국 매장에서 경쟁적으로 참여하여 그 열기가 뜨거웠다. 이렇게

1년을 하고 나니 직원들이 전화를 받을 때도 이지적으로 우아하게 받으려 애쓰고, 식사를 할 때도, 사복을 입고 다닐 때도 이지적인 우아함을 나타내는 것이 어느 정도 몸에 배게 되었다.

이와 같이 어떤 '브랜드 개념'은 소비자들에게 마케팅적으로 표현하기에 앞서 구성원들에게 우선적으로 내재화되어야 한다. 리츠칼튼 호텔의 유명한 모토인 "우리는 신사숙녀에게 서비스를 제공하는 신사숙녀입니다(We are ladies and gentlemen serving ladies and gentlemen)"는 고객을 위한 슬로건이기도 하지만, 직원들의 마음가짐과 태도를 다듬는 역할도 크다.

브랜드 개념이 구성원들 간에 공유되고 정신과 행동으로 체화되면, 기업의 역량을 집결하는 구심점이 되고 나침반이 되어 시너지를 창출하게 된다. 이러한 내재화 과정을 일컬어 '내부 브랜딩(internal branding)'이라 부른다.

우리만의 서체를
만들어보면
어떨까?

우리나라 기업 중 서체의 중요성을 처음으로 일깨운 것은 현대카드일 것이다. 현대카드는 모^母그룹인 현대자동차에 이미 심벌이 있었기 때문에 현대카드만을 위한 새로운 심벌을 만들 수는 없었다. 하지만 어떻게든 현대카드를 개성 있게 일릴 수 있는 방법을 찾고 싶었다. 그래서 2003년 현대카드만을 위한 서체를 개발했고, 이는 오늘날 현대카드의 정체성을 어필하는 데 큰 도움이 되었다.

독립된 전용서체가 있으면 비주얼 시스템의 일관성을 수월하게 유지할 수 있기 때문에 마케팅 비용을 절감할 수 있고, 고객에게 일관된 방식으로 메시지를 전할 수 있기 때문에 임팩트가 강하다. (현대카드 서체 개발과정은 《Hyundai Card Design Story》 책에 상세히 설명되어 있다.) 현대카드 이래로 서체를 가장 효과적으로 활용하는 기업이 바로 배달의민족이 아닐까 싶다.

브랜딩은 시간이 걸리는 문제인데, 배민스러움이 보다 빠르게 대중에 어필하게 된 데는 서체가 큰 역할을 했죠?

그렇습니다. 아직 브랜드 정체성을 만들어가는 단계라고 생각하지만요. 나이키나 코카콜라 같은 회사들은 과거에 쌓은 자산을 중심으로 조금씩 조금씩 브랜드를 만들어가잖아요. 그런데 마케팅을 분기별 단기별 성과를 내는 툴로 생각하다 보면 그렇게 하기가 힘들어져요.

사실 배민 폰트(font, 서체)를 만들 때도 처음에는 힘들었죠. 하지만 지금은 돈 안 들이고 혼자서 엄청 굴러다니고 있잖아요. 폰트를 만들었는데 그걸 사람들이 좋아해주니까 다시 만들고, 또 이야기가 되고, 그걸 기반으로 이것저것 상품을 만들어보고, 사람들이 한글 콘텐츠를 좋아하는 것 같으니 의류로 만들기도 하고… 덕분에 모든 캠페인이 연결되죠.

다른 회사에서도 배민이 개발한 서체를 많이 쓰고 있더라고요.

초콜릿이나 빵에서부터 상점 간판, 책 표지, 웹사이트, 방송 예능 프로그램이나 드라마에까지 두루 쓰이고 있어요. 디자인 회사도 아니고 배달 앱 회사가 만든 서체인데 말이죠.

왜 서체를 만들겠다는 생각을 했어요? 배달 앱 회사인데요?

처음 배민의 브랜드 아이덴티티를 만들면서 저희의 키치한 느낌과 감성을 담자고 했는데, 아무리 찾아도 1970~80년대의 키치함을

공짜로 쓰는 재미난 서체

배민 폰트를 무료로 쓸 수 있게 오픈함으로써, 초콜릿에서부터 책 표지, 드라마에까지 두루 쓰이고 있다. 배민의 브랜드 아이덴티티와 배민 문화가 자연스레 널리 홍보되는 셈이다.

담은 폰트가 별로 없는 거예요. 그래서 저희가 자료조사를 한 끝에 그냥 만들기로 했어요. 이젠 저희 회사 서비스의 대표적인 아이템이 글꼴이 됐어요.

한나체는 아크릴판에 시트지를 붙이고 칼로 잘라낸 느낌을 살려서 디자인했어요. 디자인을 정식으로 배우지 않은 사람이 자연스럽게 시도한 투박한 형태를 글꼴로 만든 거죠. 당시 내부 인턴이었던 지금의 디자이너가 만들었는데 모눈종이에 직접 손으로 서체를 그리며 만들어서 글자마다 기울기도 다르고 획의 굵기도 제각각이에요.

그런데 오히려 비전문가적 느낌이 대중에게 잘 먹힌 것 같아요. 학생들이 좋아해서 학교에서 발표할 때 많이 쓰는 서체이고, 회사 광고에도 많이 쓰이고 있어요. 한나는 저희 큰딸 이름이에요.

주아체는 또 뭔가요?

네, 한나체를 만들고 나서 생각보다 많은 분들이 좋아해주셔서 문제가 된 게 있어요. 둘째딸 주아가 있는데 언젠가 커서 "아빠, 언니 거만 만들고, 왜 내 거는 안 만들었어?" 그러면 어떻게 해요. 그래서 부랴부랴 주아체를 만들었어요. 주아체도 키치한 느낌은 같아요. 한나체가 칼로 오려냈다면, 이건 붓으로 둥글게 그린 느낌 같은 거죠.

그랬더니 또 문제가 됐어요. '대표 자식만 자식이냐?' 그런 거죠. 그래서 직원들의 자녀들 이름을 다 넣어서 제비뽑기를 했어요. 도

산업디자인보다더유해한직진은존재하
이어쩌면위선적단두도돈들득등대을늘
가사카시기고심부족설야말타역영앉
람록금날에여호번만장현행매겉쓸긴
되빈상구째있없었펫했빗팔팬박럭
존보석운씩밍크실주욕교걱만

가나다라마바사
아자차카타하하
인간을위한 디자인

한나체와 주아체

1970년대 이전 동네 구멍가게의 간판글씨처럼 촌스러운데, 이상하게도 정겹게 다가오는 이유는 뭘까?
배민의 B급문화를 비주얼로 느끼게 해주는 데 결정적 역할을 하였다..

현이란 아이가 뽑혀서 도현체가 생겼죠. 실무적인 디테일은 산돌고 딕이란 회사에서 도와주어서 마지막 완성도를 높였어요.

다른 회사에서도 서체를 만들긴 하지만 알리긴 어렵거든요. 직원들도 처음부 터 좋아하면서 쓰진 않았을 것 같은데요.

맞아요. '어떻게 한나체를 많이 쓰게 만들까?'가 큰 고민이었어요. 게다가 한나체는 별로 안 예쁜 서체예요. 저희 회사 디자이너들도 안 쓰려고 했어요. 그래서 반강제로 쓰게 했어요. 프랜차이즈 배너 도 정책적으로 한나체가 아니면 안 된다로 밀어붙였어요.

   그랬더니 영업하는 직원들이 너무 힘들어하는 거예요. 큰 프랜 차이즈는 듣도 보도 못한 서체라고 해서 나중에 광고를 해지한 적 도 있어요. 6개월을 반강제적으로 했거든요. 하지만 무슨 일이든 이렇게 꾸준히 하는 게 제일 중요하다고 생각해요.

새로운 서체들을 기껏 개발하고는, 왜 무료로 오픈하는 거예요?

여기저기서 많이 쓰면 우리 회사에 대한 입소문도 날 테니까요. 결 과로 보면 성공한 셈이에요. 학생들은 물론 게임회사, 심지어 관공 서에서도 저희 서체를 다운받아서 쓰더라고요.

만든 서체를 배민에서는 어디에 활용했죠?

처음에는 포스터를 만들었어요. 한나체로 '씻고 자자', '청소를 안 하면 새로운 우주가 탄생한다' 같은 실물 포스터요. 대학생들이 이

붙이고 싶게 만든 포스터들

젊은이들이 스스로 여기저기 붙이는 포스터의 카피는 배민스러움을 담았다. 익숙함과 의외성을 조합해 웃음을 유발하고 즐거운 대화거리를 만들어내는 것이다. 이 포스터들은 젊은이들의 문화에 자연스럽게 스며들어 친근감을 주면서 배민을 홍보하는 영리한 홍보대사들이다.

걸 되게 좋아해서 자취방, 동아리방에 여기저기 붙여놔요.

특이하고 이상하니까 친구들이 이게 뭐냐고 물어볼 거 아니에요. "이 포스터 어디서 구했어?" 그러면 그 친구가 배민이 뭔지 설명해야 하는 거예요. 우리는 포스터 한 장 나눠주는 대신 배민 전도사 한 명을 얻은 거죠. 이거 한 장 만드는 데 원가가 250원밖에 안 해요. 가성비 높은 마케팅 수단이죠.

배민이 만든 사무용 제품 같은 것들도 유명하죠? 음식에 집중하겠다면서 그런 건 왜 만드세요?

컨퍼런스나 박람회에 가면 회사 로고가 박힌 머그컵이나 수첩, 볼펜, 포스트잇 등을 여기저기서 나눠주잖아요. 그 용도에서 시작했어요.

그런데 박람회 기념품들은 받을 때는 싫지 않은데, 나중에 막상 집이나 사무실에서 쓰려고 보면 참 애매해요. 기업 홍보용 제품을 쓰긴 좀 그렇잖아요. 머그컵이나 수첩은 필요한 사람에게 주거나 버리거나 책상서랍에 처박아두게 돼요. 기업은 돈을 써서 고객이 기억해주길 바라는데, 정작 고객에게는 처치 곤란한 짐이 되어버리는 거예요. 그래서 배달의민족 로고를 넣지 않는 대신 서체로 배민의 정체성을 전해보기로 한 거죠.

처음에 어떻게 디자인할지 고민하는데, 나이키가 생각나더라고요. 나이키는 브랜드를 다양한 스타일로 성장시키면서도 통일감이 있잖아요. 결국 브랜드 이미지는 스타일(style)의 문제가 아니라 스피릿(spirit)의 문제라는 생각이 들었죠.

그래서 제품도 광고와 동일한 브랜드 가이드를 정했어요. '풋!' 하며 웃음을 유발하거나, '아~'하며 기발함에 감탄하게 하는 반응 중의 하나가 되어도 좋고, 둘 다 되면 더 좋고 이런 거예요. 그러니까 저희가 무엇을 만들든지 저희가 달성하고 싶은 것은 배달의민족이라는 로고 없이, 사람들이 배달의민족을 알아볼 수 있도록 하는 일이거든요. '배민다움'을 완성해가는 거죠.

만든 제품의 종류가 다양하네요. 각각 탄생의 비밀, 설명 좀 해주세요.

일상 속 제품들을 브랜드 제품으로 만들면서 '스타벅스 맛 나는 맥심커피'라고 쓴 머그컵을 만들었죠. 하루에 몇 잔씩 먹게 되는 믹스커피를 이왕이면 우아하게 마셔보자는 뜻으로 만들었는데, 반응이 생각보다 좋아서 구성원들에게 머그컵을 하나씩 나눠주었어요. 그런데 뜻밖의 방식으로 머그컵을 쓰는 친구들이 있었죠. 컵에 커피를 마시지 않고 연필꽂이로 쓰는 거예요. 그래서 두 번째 머그컵이 탄생하게 되었죠. 그게 바로 '머그컵 같은 연필꽂이'예요. 컵이라는 형태는 동일한데 사용자에 따라 용도가 달라지는 걸 재미나게 표현한 거예요.

'수동바람'은 부채예요. 이 부채도 대학생들에게 나눠준 포스터의 연장선상에서 이루어진 거예요. 여름이니까 포스터보다 부채가 좋겠다고 생각해서, 시범적으로 부채를 1000개 제작해서 이벤트를 했어요. 페이스북에 '신청하시는 분께 몇 개든 드리겠다, 대신 착

척 보면 아는 배민 판촉물

보통의 판촉물과 달리, 사람들이 배민의 판촉물은 구석에 처박아놓지 않고 실제 사용한다. 외부로는 배민스러움을 자꾸 노출시키고, 내부로는 배민다움을 강화하는 연습 도구의 역할을 한다.

불'이라고 공지를 올렸는데 사무실, 학교, 병원 등 여기저기서 신청이 들어오는 거예요. 하나를 꽂아 놓으면 지나가는 사람들이 재미있게 봐주니까요.

이 부채를 어떻게 하면 더 많은 사람에게 잘 나눠줄 수 있을지 고민했어요. 강남역에서 아르바이트생들을 시켜서 뿌리자니, 계속 쓰지 않고 재미로 한 번 보고 버릴 것 같았어요. 사람들에게 이슈가 될 제품으로 남아야 했는데 말이죠. 그렇다면 반대로 이 부채를 사게 만들면 어떨까? 조금 더 재미있게 해보자는 생각에 소셜커머스(쿠팡)를 통해 판매했습니다. 박스 하나당 30개 총 333박스, 1인당 한 박스 구매 가능, 3000원에 무료배송. 이렇게 하니까 이야깃거리가 되더군요.

30개를 받은 한 명이 친구들에게 나눠줄 때 그냥 주는 게 아니라 "이게 배민 부채인데, '수동바람'이래, 웃기지 않냐?" 등의 이야기를 하면서 주기 때문이죠. 150만 원 예산으로 만든 1만 3000개의 부채가 각각 다른 1만 3000개의 이야기를 만들어냈고, 이야깃거리가 얹어지면서 파급효과도 더욱 커졌습니다.

'닭강정 배지'는 투자받기 위해 실리콘밸리에 갔을 때, 회사를 알릴 판촉물 목적으로 제작한 거예요. 어차피 한글을 못 읽을 거라고 생각하고 닭발, 라볶이 등의 배지를 만들어 뿌리니 외국인들에게 인기가 좋았어요. 의미가 무엇이냐고 물어보면 한국 오면 사주겠다는 답변을 했죠.

참 재미있는 이야기인데, 제품 품질은 어떤가요?

흰 바탕에 한나체로만 썼기 때문에 디자인적 요소를 최소화했어요. 대신 제품의 퀄리티에는 신경을 많이 써야 했어요. 웃기게 생긴 사람들이 웃긴 이야기를 하면 당연하게 바라보잖아요. 그런데 잘 갖춰 입은 사람이 웃긴 이야기를 하면 반전매력이 있죠. 제품 퀄리티를 높이면서도 웃음을 선사해 친근함과 재미를 노렸죠.

서체가 아이덴티티 구축에 매우 중요한 역할을 하는군요.

'배달의민족'이라는 로고를 없애도 사람들이 배민에서 만든 제품이라고 알아본다면, 그것이야말로 성공적인 브랜딩 아닐까요. 우리는 실제로 브랜드 로고를 없애고 온라인 문구 소품 사이트인 텐바이텐에도 입점했어요.

'머그컵 같은 연필꽂이'도 있고, '왼발 오른발'이라는 양말, '교수님 사랑해요'라는 파일 폴더도 있고, '덮어놓고 긁다 보면 거지꼴을 못 면한다'라는 신용카드 케이스도 있어요.

하나같이, 제품이 가진 특성을 우리 구성원들이 언어유희로 녹여낸 작업을 거친 것들입니다. 누구나 척 보면 배민 것인지 다 아는 외부 마케팅 효과도 큰데요. 이러한 제품을 만드는 과정이 우리 구성원들로 하여금 동일한 목표를 바라보며 호흡하게 하는 구심점이 되어주죠. 또한 프라이드도 형성하게 하고, 회사 일에 재미도 느끼게 하는 것 같아요.

배민의 브랜드 상품이 워낙 이슈가 되고 인기를 끌다 보니 대놓고 따라 하는 곳도 있을 것 같은데요?

있어요. 저희가 하얀 바탕에 까만 글씨로 '다 때가 있다'는 때수건을 만들었잖아요. 모 타월회사에서 저희 서체로 '누구에게나 때가 있다'라고 써서 팔더라고요. 저희 마케터나 디자이너들은 너무 똑같이 따라 하는 것 아니냐고 스트레스를 받던데, 저는 좋았어요.

브랜드가 성공했느냐 그렇지 않느냐의 척도 중 하나가 짝퉁 아닐까요. 짝퉁이 많으면 성공한 브랜드겠죠. '나이키'가 정말 멋지니까 '나이스'가 나온 것처럼 말이에요. 저희 브랜드를 따라 한 것들 하나하나가 저희에게 훈장처럼 쌓인다고 생각해요.

아이덴티티 어떻게 배민스러움을 쌓아갈 것인가

공간이
정체성 구축에
어떤 영향을 미칠까?

구글이 꿈의 직장이라고 불리는 이유 중 하나는 아마도 일할 맛 나게 꾸며진 사무실과 휴게공간일 것이다. 구글은 자유롭게 소통할 수 있고 창의적인 생각을 할 수 있는 멋진 공간으로 소문이 자자하다. 구글 사옥을 설계한 NBBJ의 로버트 맨킨 대표는 사옥을 단순히 부동산으로 생각해서는 안 된다고 강조한다. 하루에 적어도 8시간 이상을 직장에서 보내는 직원들에게 업무공간의 인테리어와 창밖의 풍경은 그들의 사고방식과 태도에 지대한 영향을 미친다는 것이다. 어쩌면 공간은 내부 브랜딩을 구성하는 가장 중요한 요소인지 모른다.

김 대표는 공간이 사람에게 어떤 영향을 미치는지, 공간이 사람들로 하여금 어떤 행동을 이끌어내는지를 깊게 고민했다고 한다. 세 번이나 사무실을 옮기면서 그때마다 공간을 직접 디자인할 정도였다.

회사 건물 구석구석에 배민의 개성이 묻어나네요. 경치도 멋지고요.

현대카드의 정태영 부회장님이 "직원들이 창밖의 어떤 풍경을 보고 일하는지는 매우 중요한 문제다"라고 한 적이 있는데, 이 말에는 많은 의미가 담겨 있는 듯해요.

아이들을 키울 때도 적용되는 문제죠. 모든 부모는 자신의 아이들이 창의적으로 자라길 원하니까요. 좋은 것을 보고 자란 아이가 좋은 생각을 하며 성장하는 것처럼, 저는 우리 구성원들도 보다 창의적인 공간에서 즐겁고 열정적으로 성장해 나가기를 바라거든요.

부모가 자기 아이들이 무엇을 먹고, 무엇을 마시고, 무엇을 보는지에 대해 민감하게 여기듯이, 우리 회사의 공간을 디자인하기에 앞서 구성원들이 이곳에서 무엇을 느끼고, 어떻게 행동하면 좋을지를 오랫동안 고민하고 상상해보았어요. 구성원들이 매일 똑같은 벽과 파티션만 바라보고 모두가 쓰는 오피스 가구들을 쓴다면, 정말 창의적으로 행동할 수 있을까요?

회사에는 다양한 공간이 필요한데, 가장 신경을 쓴 곳이 있다면 어디입니까?

저는 무엇보다 '회의실' 디자인에 집중했어요. 회의란 회사의 가장 대표적인 의사결정 수단이라고 생각하기 때문이죠. 기존 회의실 이미지인, 조금은 딱딱하고 정형화된 느낌에서 벗어나 배달의민족처럼 즐겁고 아이디어 넘치는 공간이 되길 바랐습니다.

그래서 회의실을 디자인하기에 앞서 우선 회의라는 단어의 정의를 살펴보았어요. 회의의 사전적인 의미는 '여럿이 모여 논의함, 혹은 그런 모임'이더라고요. 그리고 회의실은 그런 회의를 하는 공간이겠죠. 네모반듯한 책상과 등받이 있는 의자가 반드시 필요하지는 않다고 믿었어요. 6인용 테이블에 의자를 주루룩 놓은 공간을 만들고 싶지 않아 고민하다 영감을 얻은 것이 바로 학교 운동장에 있는 스탠드였어요.

학창시절 친구들과 편하게 걸터앉아 허심탄회한 이야기를 나누던 공간, 깔깔대며 시시한 농담부터 진지한 고민까지 편안하게 나눌 수 있는 공간 말이죠. 다락방 컨셉으로 만든 회의실 공간은 신발을 벗고 올라갈 수 있습니다. 이곳에서 구성원들은 휴식을 취하기도 하고, 노트북을 들고 와 개인적으로 업무를 보기도 하죠. 또 어떤 때는 여럿이 둘러앉아 아이디어 회의를 하기도 하고요.

책상 없이 회의한다고요?

크리에이티브한 문화로 잘 알려진 미국의 IDEO라는 디자인 회사 있잖아요. 거기서는 회의 중에 제삼자가 처음 들어왔을 때, 누가 보스인지를 모르게 하라는 말을 했어요.

다락방 회의실은 누군가가 의도하지 않아도 직급과 서열의 틀을 자연스럽게 허물도록 도와줍니다. 우리는 이러한 상황이 자연스럽게 만들어질 수 있도록 공간을 연출하고 있죠.

그럼 회의실이 따로 많이 필요한 것도 아니겠네요.

저희 회사는 처음부터 파티션을 만들지 않기로 해서, 대화가 필요

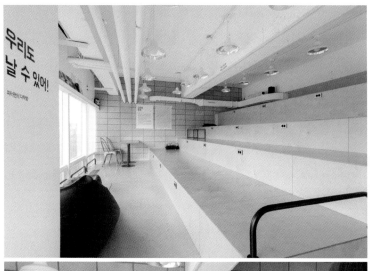

회의실에서 회의 중?

하나의 의견을 모으기 위해 꼭 대칭된 모습으로 앉을 필요는 없다. 직원들이 회의하고 있는
모습을 지나가다 찍었다. 사진 속 직원들 중에서 보스는 누구일까?

하면 언제든 옆자리에 가서 이야기를 나눌 수 있게 했어요. 물론 사무실이 너무 조용하면 옆에서 말 걸기가 부담스럽기 때문에 언제나 음악이 흘러나오도록 해서 적당한 소음을 발생시킵니다. 스툴형 의자를 사무실에 많이 배치해 놓아 다른 팀 사람들도 자유롭게 옆에 앉아서 대화할 수 있도록 유도하죠.

여기 회사에 직접 와 보니, 삼삼오오 이야기를 나누고 자기들 아이디어에 박수치고 환호하고 깔깔대기도 하고 시끌시끌하네요.
예, 그렇게 사무실에 활기가 넘치고 돈독한 관계를 쌓아가다 보면 중요한 안건을 처리할 때에도 본인의 의사를 쉽게 표현하게 되는 것 같아요. 또 오픈된 공간에서 회의가 진행되다 보니 일에 대한 의사결정이 팀 리더의 강압으로 결정된 것이 아님을 자연스럽게 공유할 수 있죠.

온라인에서는 회사 내 적극적인 커뮤니케이션을 위해 라인 메신저를 활용합니다. 전 직원들이 모두 들어간 대화방도 있고요, 여기서 끊임없이 서로 이야기 나눠요.

인원이 급격히 늘어서 공간이 점차 비좁아지겠는데요.
맞아요. 그래서 최근에는 구성원이 늘어나면서 '우리 동네 회의실'이란 실험을 하고 있어요. 회사 주변의 카페와 계약해 구성원들이 카페에서 마음대로 커피를 마시면서 회의를 할 수 있게 한 것이죠.

저희 회사가 늘 새로운 아이디어로 넘쳐나는 비결이 궁금하다는 분들에게 이렇게 말해줄 수 있을 것 같아요. 우선 회의실을 디자인할 것인지, 회의를 디자인할 것인지가 중요하다고 말이죠. 저희는 회사 전체가 하나의 거대한 회의실이며, 보다 편안하게 언제 어디서든 회의할 수 있는 분위기를 만들려고 노력합니다.

덕분에 '입만 열면 일이 된다', '듣기만 해도 일이 된다'는 투정 같은 핀잔이 들리지만, 우리는 나름의 즐겁고 재미난 일들을 끊임없이 만들어내고 함께 해나가는 것뿐이에요.

방들이 다 이야깃거리가 있어 보여요.

석촌호수와 롯데월드가 내려다보이는 이곳은 '피터팬의 다락방'입니다. 휴게실이나 회의실로 쓰이죠. 롯데월드를 피터팬이 나오는 네버랜드라고 정의했어요. 유리창 한쪽에 피터팬 모습을 시트지로 커팅해서 붙여놓으니 정말 그럴듯하죠. 환상의 섬 네버랜드로 당장이라도 날아갈 수 있을 것 같은 상상을 하게 하는 공간을 연출해 보았습니다.

미팅룸이나 회의실, 라운지 같은 다른 공간에도 피터팬 친구들 이름을 따서 이름을 붙였어요. 마이클의 방, 존의 방, 나나의 방, 웬디의 라운지 등이죠. 회사의 지리적 특성에 스토리텔링이 가능한 컨셉을 더하니 공간마다 다른 상상력과 창의성을 자극하게 되더라고요. 저희 회사를 방문한 고객이나 외부 손님에게 즐겁고 독특한 첫인상을 심어주는 역할도 톡톡히 합니다.

아이덴티티   어떻게 배민스러움을 쌓아갈 것인가

우리도
날 수 있어!

사무적인 사무실이 아니라 '꿈'꾸게 하는 사무실

배민의 사무실에서는 석촌호수와 롯데월드가 바로 내려다보인다. 창에 붙여놓은 피터팬이
롯데월드의 캐슬로 당장 날아오를 듯한 분위기이다.

이렇게 공간마다 스토리를 넣으면, 어떤 효과가 있을까요?

저는 공간이나 디자인에 이야깃거리를 담는 걸 좋아해요. 스토리를 입혀야 생명력을 얻는다고 생각하기 때문이죠. 원래 존재 자체가 별다른 의미가 없어도, 교감할 수 있는 이야기가 들어가면 그 이상의 가치를 갖게 되잖아요.

또 공간에 따라 사람의 행동이 달라져요. 박물관에 갈 때와 클럽에 갈 때가 다르듯이 말이에요. 회사가 창의성을 얘기하면서, 칸막이를 치고 전형적인 회의실을 두면 직원들이 창의적일 수 없겠죠.

유명 대기업처럼 으리으리한 건물에 비싼 조형물로 장식하진 못했지만, 우리는 우리만의 색깔을 충분히 표현하고 있다고 생각해요. 굳이 많은 비용을 투자하지 않더라도 조금의 아이디어와 정성을 보탠다면, 충분히 자기만의 스토리가 담긴 공간을 디자인할 수 있지 않을까요. 던전 오피스처럼요.

던전 오피스라뇨?

게임 리니지에서 던전(dungeon: 게임에서 몬스터들이 대거 포진해 있는 동굴)에 들어갈 때 파티를 잘 맺어야 하죠. 이 파티플레이는 협동심이거든요. 그래서 던전 오피스라고 이름을 지었어요.

던전 오피스 앞에는 아무나 열고 꺼내 먹을 수 있는 냉장고가 있어요. 구성원들의 소원을 담은 버킷리스트에 "음료수를 마음껏 먹고 싶어요"라는 게 있기에 냉장고 이름을 '득템냉장고'라고 지었죠. 그리고 "퀘스트 수행 중 목이 마르면 하나씩 꺼내 드세요"라고 했어

DUKTEM
REFRIGERATOR

득템냉장고
퀘스트 수행 중 목이 마르면 하나씩 꺼내 드세요
주의 : 집에 꼬불치기 없기

힘든 자들아, 다 내게로 오라

던전 오피스 앞에는 누구나 꺼내 먹을 수 있는 냉장고가 있다. 이름하여 '득템냉장고'

요. "단, 주의사항은 집에 꼬불치기 없기."

'꼬불치기' 같은 말은 회사에서는 잘 쓰지 않죠. 하지만 은어도 아니고 나쁜 말도 아닌데 쓰면 어떨까요? 저희는 재미있는 말들은 자연스럽게 쓰려고 해요. 매순간 뭔가를 만들 때, 배민만의 스토리를 담고 배민다운 문화를 만들려고 노력합니다.

덩치가 커져도
배민스러움을
유지할 수 있을까?

배달사업은 기본적으로 서비스 사업이다. 제품과 달리 서비스는 눈으로 확인할 수 없기 때문에 디자인의 중요성이 더욱 강조된다. 브랜드 컨셉에 맞는 적절한 디자인은 서비스에 스타일리시함이나 재치 같은 요소를 한 차원 덧입혀 고객으로 하여금 새로운 감정을 불러일으키게 한다. 이것이 고객의 심리적인 즐거움과 만족으로 이어져 지속되면 그 서비스는 더욱 강력한 힘을 얻게 된다. 서비스업에서 탁월한 디자인이란 부가적인 선택사항이 아니다. 디자인은 사업의 성패를 결정짓는 매우 중요한 요소이다.

배민의 성공에는 김봉진 대표가 디자이너 출신이라는 점이 큰 몫을 하는 것 같다. 배민에서 디자인의 역할은 이미 많이 봤지만, 그가 디자인에 어떤 식으로 접근하는지 더 자세히 들여다보자.

배민의 브랜딩에서 디자인이 매우 중요한 역할을 하는 것 같군요. 디자인 이야기를 좀 할게요. 좋아하는 디자이너가 있어요?

빅터 파파넥이나 하라켄야처럼 대단한 디자이너도 있고요. 마스다 무네아키처럼 디자이너는 아니지만 디자인에 획을 그은 분도 좋아합니다.

사무실 벽에 보면 빅터 파파넥의 말들을 포스터처럼 인쇄해 붙여놓았던데 그의 어떤 면이 좋으세요?

철학이 있는 디자이너잖아요. 디자인은 인간에게 주어진 가장 강력한 도구이기 때문에 디자이너들은 사회적, 도덕적 책임감을 반드시 가져야 한다는 이야기를 했으니까요. 사실 산업화 시대 이후에 디자이너들이 물건을 많이 판매하는 데 자신의 능력을 팔아왔지만, 디자인이 많은 사람들의 삶에 어떤 영향을 미치는지는 덜 생각한 것 같아요.

　가령 예쁘고 날렵하게 자동차를 디자인하려고 고민하지만, 그 차로 인해 얼마나 많은 사람들이 죽거나 장애를 입는지에 대해서는 신경 쓰지 않잖아요. 예술적인 것들을 배워서 결국 만드는 게 필요하지도 않은 물건을 사게 하는 거라든지, 계획적 폐기를 디자인하는 거죠. 예를 들어 핸드폰은 만들 때부터 2년 안에 닳게 만들잖아요. 디자이너가 잘못해서는 아니고, 영구적인 제품을 만들면 그 회사가 망하겠죠. 물론 처음부터 디자이너가 지구환경 같은 것까지 생각해야 하는지는 모르겠지만, 적어도 생각을 하는 것과 안 하는 것과는 큰 차이가 있다고 봐요. 그걸 처음으로 의미 있게 선언한 디자이너가 빅터 파파넥이라 좋아합니다.

마스다 무네아키는 어떤 점에서 존경해요?

마스다 무네아키는 정말 엄청난 일들을 해냈죠. 디자인 역사에 한 획을 그은 것 같아요. 그의 저서, 《지적자본론》에서 '디자인은 부가가치가 아니라 본질적 가치'라고 말한 것 자체가 충격이었죠.

구체적으로 설명 좀 해주세요. 본질적 가치에 대해서.

예전에는 디자인을 장식미술이라 불렀고, 원래 있던 형태나 기능에 덧칠해 더 예쁘게 만들어서 가치를 높이는 것으로 취급했잖아요. 그러니까 부가가치라고 했죠. 하지만 지금의 디자인은 외관을 유려하게 그리거나 예쁘게 만드는 데 그치는 것이 아니라 형태나 기능에서부터 컨셉을 중심으로 움직이죠. 컨셉이 그대로 들어가서 관여하기 때문에 디자인이 부가가치가 아니라 본질적 가치라는 거죠.

마스다 무네아키 전에도 디자인이 본질적 가치라고 말한 사람은 많았던 것 같은데요.

많이들 중요하다고는 이야기했지만, 이렇게 선언적으로 말한 사람은 없었던 것 같아요. '부가가치를 창출'하려면 디자인은 매우 중요하다는 말만 많이 했죠. 사실 저도 무네아키와 비슷한 생각을 하고 있어서 디자인을 부가가치라고만 볼 수 있을지 의문이었는데, 그걸 영

빅터 파파넥

빅터 파파넥Victor Papanek은 사회와 환경에 책임지는 디자인을 강력하게 주장한 디자이너이자 교육자이다. 김봉진 대표가 존경한 나머지 배민 사무실 벽에 커다랗게 붙여놓은 파파넥의 글, '인간을 위한 디자인'의 일부를 함께 읽어보자.

산업디자인보다 더 유해한 직업들은 존재하긴 하지만,
그 수는 극소수이다.

역사상 어느 시기에도
지금처럼 사람들이 자리에 앉아서 진지하게
전기빗이나 모조 보석을 씌운 구둣주걱,
욕실에 까는 밍크카펫 등을 디자인하고
이 물건들을 수백만의 사람에게 팔기 위한
정교한 계획을 구상했던 적은 없었다.

그 전에는 만약 어떤 사람이 사람들을 죽이려 한다면
그는 장군이 되거나 핵물리학을 공부했어야 했다.
그러나 이제는 산업디자인이 대량생산을 토대로

살인을 자행하고 있다.

범죄적이라 할 만큼 안전성이 결여된 자동차 디자인이
매년 전 세계적으로 거의 백만 명에 달하는
사람들을 살해하거나 불구로 만들며
새로운 종류의 영구적인 쓰레기를 창조하여 환경을 파괴하고,
또 우리가 숨쉬는 공기를 오염시키는
재료와 과정을 선택함으로써
디자이너들은 위험한 부류가 되어가고 있다.

그리고 이러한 활동을 하는 데 필요한 기술들이
젊은이들에게도 그대로 전수되고 있다.

모든 것들이 계획되고 디자인되어야 하는
대량생산의 시대에서,
디자인은 인간이 도구와 환경(더 나아가 사회와 자아)을 만드는
가장 강력한 도구가 되어왔다.
그렇기 때문에 디자이너에게는
높은 사회적, 도덕적 책임이 요구된다.

향력 있는 경영자가 나서서 주장했다는 게 대단히 인상적이었어요.

하라켄야에 대해서는 어떻게 생각하세요?

저는 하라켄야가 무인양품의 제품들을 디자인하면서 가장 의미 있게 한 일이 '빼기'였다고 생각해요. 그전까지 디자인은 더하는 디자인이었거든요. 마트 가서 세숫대야 사려고 할 때마다 아내에게 한 이야기가 있어요. 그 세숫대야에 그려진 토끼그림만 빼면 살 것 같다고. 컵도 마찬가지예요. 그런 거 안 넣어도 될 것 같은데 그 전까지 워낙 디자인이 부가가치라고 교육받아서 형태를 만들고 첨가하고 덧칠하는 데 익숙해진 것 같아요.

그에 대한 고정관념을 깨준 게 사실 무인양품이죠. 형태 자체가 기능이고 더 이상 더할 것도 뺄 것도 없는 상태의 디자인이에요. 그건 단순한 제품을 넘어선 전체적 라이프스타일의 제안이거든요. 이제까지의 우리는 항상 뭔가를 더 갖고 싶어 하는 삶을 살았는데, 무인양품의 제품들은 늘 간결하고 절제된 삶을 보여주잖아요. 담백한 컬러와 튀지 않는 제품, 가장 기능에 최적화된 형태죠. 그 시절에 그걸 시도했다는 건 혁명적이죠.

무인양품과 배민의 디자인은 다르지만, 심플함과 단순한 컬러라는 면에서는 비슷한 분위기도 있어요.

디자인이 결국은 형태와 기능에 대한 문제라면 저희는 그걸 좀 철학적인 관점에서 보아 '감성'을 건드리려고 해요. 형태와 기능보다는 또 다른 무엇을 생각하죠. 때타월에 '다 때가 있다'고 쓰여 있다고 해서 기능이 달라지지 않잖아요. 형태도 똑같고요.

연필꽂이로 쓰는 저희 머그컵은 그냥 그에 대한 감성이거든요. 형태와 기능은 상관없어요. 저희가 파는 USB인 '이런십육기가'는 같은 사양의 USB보다 3~4배 비싸죠. 그건 저희 감성에 돈을 더 지불하는 게 아닐까요.

배민은 결국 감성을 디자인하는 거네요.

많은 디자인 회사들이 오랫동안 형태와 기능에 대해 고심해왔어요. 그다음은 감성이라고 생각하고 있죠. 저희뿐 아니라 많은 회사들이 실험하고 있는 것이 그런 감성 디자인입니다. 저희가 한 디자인 중에 형태 자체를 새롭게 한 건 딱 하나예요. 얼음틀이요. 나머지는 기존에 팔던 제품들에 저희 카피와 감성을 입힌 거죠.

가령 무인양품에서 내놓은 플라스틱 명함케이스에 '덮어놓고 긁다 보면 거지꼴을 못 면한다'고 쓴다든지, 지우개에 '내 번호 지우지 마'라고 쓰듯이 기능에 저희 감성과 문화를 입힌 거죠. 그 지우개를 살 때 지우개로 써야겠다고 산 사람들이 아주 많진 않을 거예요. '어, 이건 내 스타일인데'라고 생각하겠죠.

물론 무인양품과 저희는 비교할 수준이 아니어서 언급하는 것조차 조심스러워요. 저희는 형태와 기능을 전혀 건드리지 않고 감성의 변화만으로도 사람들이 물건을 구매하거나 갖고 싶어 하는가에 대한 실험을 계속하고 있어요.

꽃은 보이지 않는 뿌리에서 생겨난다

'브랜드 없는 상품(No brand goods)'임을 내세우며 1980년에 설립된 무인양품無印良品 MUJI. 고객에게 편리하고 실용적인 생활을 제공한다는 명분으로 가성비가 좋다는 이미지를 심으면서 승승장구했다.

하지만 안이해진 경영진이 초심을 잃고 제품군을 늘린 데다 아이덴티티를 잃고 컨셉이 모호해지던 터에, 유니클로와 다이소의 출현, 일본 경제의 침체에 따른 소비자 구매력의 감소 등 악재가 겹치면서 경영이 심하게 악화되었다. 1999년을 정점으로 내리막에 들어서더니 2001년에는 바닥을 치며 중환자가 되었다.

이때 지휘봉을 잡은 마쓰이 타다미쓰Matsui Tadamitsu 사장은 두 가지 핵심전략으로 무인양품을 재기시키는 데 성공한다. 하나는 모든 업무의 매뉴얼 작업화이다. 그는 무분별하게 늘어난 매장들이 같은 문제에 대해 서로 다른 방법으로 해결한다는 것을 발견했다. 이후 어떤 사소한 작업이라도 가장 잘할 수 있는 방법을 찾아 이를 표준화했다. 그 집적이 2000페이지에 달하는 매뉴얼, '무지그램Mujigram'이다. 그는 다른 기업도 너무 비대해지기 전에 미리 업무의 중심이 되는 분명한 룰을 만들라고 조언한다.

다른 한 가지는 컨셉의 중심을 잡아줄 수 있는 디자이너의 영입이다. 눈에 보이지 않는 기업의 철학과 컨셉을 눈으로 보이게 만드는 역할이 디자인이기 때문이다. 마침 철학적 깊이가 있는 디자이너 하라 켄야Hara Kenya가 아트디렉터로 조인한다.

하라 켄야는 공空이라는 개념을 중심으로 잡고 최소한의 디자인을 하되 '비움'은 소비자가 채워나가게 한다는 철학을 내세웠다. 그가 쓴 《디자인의 디자인(*Design of Design*)》 책이 설명하듯이, 비어 있다는 것은 그 어떤 것도 다 포용할 수 있는 잠재성을 내포하기 때문이다. 그러한 철학은 제품뿐 아니라 매장이나 광고, 포장 디자인에 이르기까지 무인양품의 단순성(simple), 편리성(convenient), 실용성(practical), 합리성(rational)이란 이미지를 소비자가 일관되게 인식하도록 전하면서 턴어라운드에 결정적 역할을 한다.

타다미쓰의 방식이 하라켄야의 디자인과 만나 꽃을 피웠듯이, 애플이 재기한 데는 스티브 잡스의 철학이 조너선 아이브라는 출중한 디자이너를 만났기에 가능했다. 철학 있는 경영자와 궁합이 잘 맞는 디자이너의 결합은 성공의 지름길이다.

여기서 유의할 점은 디자인이 있기 전에 경영자에게 뚜렷한 개념과 철학이 있어야 한다는 점이다. 우리나라 대기업들이 글로벌 시장에서 경쟁하려고 외국의 유명한 디자이너들을 비싼 몸값에 영입하고도 빛을 보지 못하는 것은 전달해야 할 기업의 방향이나 철학이 부실하기 때문이다.

아무리 좋은 아이디어나 철학이 있어도 꽃(디자인)으로 피어나지 않고 땅에 묻혀 있기만 하면 빛을 발하지 못할 것이다. 거꾸로 꽃을 보기 좋게 만들 수 있는 디자이너를 영입해도 뿌리(철학적 깊이)가 약하면 그냥 조화造花로 끝나고 만다. 꽃은 보이지 않는 뿌리에서 생겨난다. 사람들에게 무엇을 제공하고 싶은지, 우리 기업의 존재이유가 무엇인지 그 근본적 철학이나 개념을 갖는 것이 무엇보다 중요하다.

디자인 이야기를 하다 보니 결국 브랜딩으로 연결되네요. 지금 배민이라는 브랜드는 어디까지 온 것 같아요?

회사를 사람에 비유하자면 정체성이 형성되는 단계가 있는 것 같아요. 중학교 들어갈 정도쯤 되면 '~스럽다', '~답다'는 분위기가 형성되잖아요. 최소 10년 정도는 되어야 회사에 그런 분위기, 정체성이 쌓이겠죠.

레고나 디즈니가 잘되는 것도 레고나 디즈니를 좋아하는 사람들이 들어와서 문화를 만들었기 때문이잖아요. 배민은 5~10년 정도 이런 작업을 계속해야 브랜드 정체성이 더 확실해질 거라고 믿어요. 지금은 유치원에서 초등학교 정도의 단계인 거고요.

ㅋㅋㅋ 얼음틀

다른 배민 제품들은 기성 제품에 카피와 감성만을 입힌 것이다.
얼음틀은 배민의 감성에 딱 맞는 제품이 없어 직접 제작했다.
덕분에 어디서든 사람들이 이 ㅋㅋㅋ 얼음만 보면 배민을 화제로 떠올린다.

브랜딩과 관련해서 벤치마킹하고 싶은 기업이 있어요?

현대카드와 네이버가 참 잘하는 기업이라고 생각해요. 부러운 기업이죠. 현대카드나 네이버가 놀라운 점은 그들의 비즈니스가 전혀 브랜드 게임이 안 될 것 같은 소재라는 거예요. '신용카드일 뿐이고, 검색창일 뿐인데 어떻게 차별화된 브랜드가 되지?' 하는 의문이 있었어요. 그걸로 브랜드를 만든 것 자체가 되게 놀라워요. 현대카드는 성과도 좋지만, 중장기적으로 현대카드라는 브랜드 아이덴티티와 페르소나를 확실하게 만든 것 같아요.

사람들이 저희를 보면서도 배달 앱이 어떻게 두드러진 브랜드가 될 수 있느냐고 생각할 수 있을 거예요. 저는 '심지어 신용카드도 브랜드를 만들었는데…'라고 말하고 싶어요. 현대카드가 나오기 전까지 신용카드는 그냥 쓰는 거였어요. 브랜드 개성이 없었지요.

네이버 같은 경우에는 그린 윈도우, 검색창이 떠오르잖아요. 사람들은 다음과 네이버가 결정적으로 엔지니어 기술력에서 차이가 났다고 보기도 하는데, 저는 다르게 생각하거든요. 네이버가 10주년이 되었을 때, 성공에 대한 설문조사를 한 적이 있어요. 왜 성공한 것 같냐고 대중에게 물어보면 〈스펀지〉 프로그램이나 전지현 이야기를 하더라고요. 지식정보 프로그램으로 인기를 얻은 KBS 〈스펀지〉는 네이버의 지식iN 컨셉을 차용한 거예요. 〈스펀지〉에 출연한 패널들이 답을 말할 때마다 초록색 네이버 검색창이 뜨면서 네이버라는 서비스를 대중에게 인식시켰죠. 전지현은 날개 달린 녹색 모자를 쓰고 나와서 네이버 모델로 활동했고요.

관점에 따라 다를 수 있겠지만, 네이버와 다음의 결정적 차이는 브랜드 마케팅이라고 생각해요. 네이버는 검색창을 브랜드화했지만, 다음은 네이버만큼 '검색'이라는 이미지를 브랜드화하지 못했던 거라고 봐요. 또한 현대카드도 네이버도 브랜딩에서 디자인이 결정적인 역할을 했다고 봐요.

브랜딩을 할 때 투자자들을 어떻게 설득해요?

저도 정태영 부회장님에게 투자자들을 어떻게 설득하는지에 대해 여쭤봤어요. 그랬더니 브랜드에 공을 들이는 대신 연초에 투자자들에게 계획했던 숫자를 반드시 맞춘다고 하더라고요. 그 안에서 브랜딩을 하는 거죠.

사실 회사의 브랜딩과 제품 마케팅은 또 달라요. 브랜딩은 하나씩 하나씩 차곡차곡 쌓아서 페르소나를 만들고, 정체성을 쌓고, 인격체를 만들어서 사람들이 좋아하도록 만드는 거잖아요. 마케팅은 반기, 분기 별로 실적이 나와야 하니까 단계를 차근차근 밟아 나가는 게 아니라 최대한 빨리 가도록 해야 하는 거죠.

브랜드를 끌고 가려면 창업자가 정말 브랜드를 좋아하거나 철학이 있어야 한다고 생각해요. 창업자의 강력한 그 무엇이 있어야 브랜드가 만들어져요. 전문경영인은 하기 어려운 부분이죠. 실적을 내야 하고, 근거를 숫자로 증명해야 하니까요. 더구나 전문 경영인은 2~3년 지나면 또 바뀌기도 하고요.

창업자 정신

20세기말 인터넷 세상을 장악하며 포효하던 야후가 시들시들하다. 모바일 시대의 주인공이던 노키아도 무대 뒤로 사라졌다. 오바마가 대선 후보 당시 트위터를 잘 활용한 것이 당선에 큰 도움이 되었다는데, 두 번째 대통령 선거에서는 트위터를 버리고 페이스북으로 갈아탔다. 몇 년 전까지 젊은이라면 누구나 즐기던 싸이월드를 아직도 하는 사람이 있기는 할까?

비즈니스의 전쟁터에서 기업이 생겨나고 사라지는 것은 생소한 일이 아니다. 최근 기업들은 어디서나 화제가 될 만큼 급속히 떴다가, 또 입방아에 오르내리며 금세 추락하곤 한다. 컨설팅 업체 베인앤컴퍼니Bain & Company의 분석 결과, 기업이 성장을 멈추거나 망하는 85%의 원인이 외부가 아니라 내부에 있다고 한다. 주된 원인은 그들이 펴낸 책 제목처럼 《창업자 정신(Founder's Mentality)》을 잃었기 때문이라는 것이다.

그들이 말하는 '창업자 정신'을 세 가지로 요약하면, 반란자의 사명의식(insurgent's mission), 최전선에의 집착(frontline obsession), 주인의식의 공유(owner's mindset)이다.

창업자는 기존 산업의 비효율성에 반기를 들고 새로운 패러다임을 제시하는 반란자이다. 시장의 질서를 바로 잡자는 반란 당시의 사명의식을 상실하면 자유낙하는 시간문제다. 문제는 기업의 규모가 커지면서 너무도 쉽게 창업자 정신을 잊어버린다는 것이다.

창업자는 비즈니스 최전선에서 소비자 마음의 변화를 피부로 가장 예민하게 느끼던 사람들이다. 그 촉각이 둔해지면 성장 속도도 느려지기 마련이다.

창업 당시 규모가 작을 때는 창업자 정신을 모든 직원이 공유하며 주인의식을 갖지만, 기업이 성장하고 업무가 과부하되고 새로운 구성원이 합류하면서 창업자 정신은 점차 구성원의 마음에서 멀어지기 십상이다.

스타트업이 세간의 주목을 받고 잘 자리 잡았다고 해도 창업자 정신을 잃으면, 언제라도 무너지는 것 또한 한 순간이다. 기업이 성장하면 조직과 시스템이 복잡해지지 않을 수 없다. 그런데 복잡성은 역설적으로 내부 구성원의 창업자 정신을 희석시킨다.

초심을 잃지 않는 경영, 말은 쉽지만 쉬운 일은 아니다. 창업 당시의 기민함과 민첩함과 융통성을 유지하려면 창업자 정신을 끊임없이 되뇌도록 내부 브랜딩을 강화해야 할 것이다.

지금까지 배민의 브랜드 방향성을 보면 트렌드를 잘 타고 있다는 생각이 들거든요. 앞으로도 계속 그런 흐름을 읽어낼 자신이 있으세요? 시장에서 멀어

질 수도 있고 감을 잃을 수도 있잖아요.

저희도 지금 성장하고 있는 단계라서 조심스럽기는 해요. 만약 B급 문화 같은 것들이 트렌드를 벗어난다고 생각되더라도, 저희는 계속 할 거예요. 사실 키치나 패러디 문화도 유행이죠. 다른 회사들이 저희를 따라 하다가 다시 돌아갔거든요.

저희는 앱솔루트 보드카처럼 계속 갈 거예요. 좀 더 정확히 표현하자면 무작정 트렌드를 따라가는 게 아니라 문화를 만들어가는 거죠. 그 시대 유행했던 것을 잘하는 사람은 잠깐의 인기는 있을지 모르겠지만 깊이가 없잖아요. 그런데 자신의 스타일대로 꾸준히 자기 것만을 고집했던 사람들은 결국 자기 존재감을 나타내더라고요. 저는 그게 답이라고 생각해요.

세상이 어떻게 바뀔 줄 알고요? 계속 자기 흐름을 유지한다는 건 좋은데, 뭔가 변형을 통해서 트렌드에도 맞춰야 하지 않을까요?

변형은 계속 하고 있죠, 여러 가지 형태로요. 흰 바탕에 검은 글자를 쓰면 배달의민족을 먼저 생각하잖아요. 그건 형태죠. 우리가 가진 생각은 젊은 친구들, 조직의 막내들과 공감할 수 있는 콘텐츠를 만드는 거예요.

배민이 지금이야 스타트업의 정석처럼 잘하고 있지만, 앞으로는 어떨까요? 몸집이 커져도 배민스러움을 유지할 수 있을까요?

그건 도전과제일 것 같아요. 그래서 제가 가장 강조하는 게 인터널 브랜딩입니다. 내부 구성원들은 원래 자신이 고객에게 제공하는 서비스를 지독하게 좋아하는 친구들이어야 해요. 그런 친구들이 우리 회사에 들어와서 계속 그걸 좋아하고 자연스럽게 문화로 이어가야죠. 외부에서 리서치하고 스왓 분석한 자료를 받아봐야 큰 의미는 없어요. 기존의 경쟁자와 시장을 분석한 것이기 때문에 깊이감이 떨어지거든요.

모든 고민은 하나예요. '어떻게 하면 잘 팔지?'가 아닌 '어떻게 하면 브랜드를 사랑하게 만들지?'인 거죠. 그래서 저희 구성원들은 정말 모두들 배민스러워요. 저희끼리 다들 미친 사람 같다고 웃어요. 저희 문화를 좋아하는 사람들이 들어와서 인사관리하고, 코딩하고, 재무를 해요. 아까 얘기했다시피 레고도 디즈니도 자기만의 문화가 있기 때문에 유지되는 거잖아요. 배민스러운 사람들이 모여서 계속 배민스럽게 일하는 것이야말로 인터널 브랜딩의 핵심이라고 믿어요. 일하는 직원들이 계속 배민을 사랑하게 만드는 거요.

6^장

조직의 분위기

룰이 있는 창의 기업을
만들어볼까

"자유가 아닌 자율을, 관리보다는 관심으로."

창의적 기업에는
어떤 룰이
필요할까?

언론에서 보여주는 스타트업의 분위기는 대개 자유분방하다. 젊은 CEO나 사장이 경영하는 회사는 드라마나 영화에서도 멋지게 그려진다. 배민처럼 독창적인 스타트업에 지원하는 사람들은 면접을 보러 올 때도 뭔가 튀고 크리에이티브한 느낌을 기대하고 온다. 일종의 동경인 셈이다.

정작 배민은 어떨까? 웃음소리가 끊이지 않는 즐거운 분위기, 회사 곳곳의 위트 넘치는 장치들… 언뜻 놀이터처럼 즐거워 보인다. 그러나 그 안에는 철저한 규율(discipline)이 있다. 이 기업에 대해 공부하면서, 내가 가장 감동받은 부분이 바로 이 규율과 질서였다.

배민의 내부 규칙 '송파구에서 일 잘하는 방법 11가지'는 이미 널리 알려져 있다. 내부 브랜딩과 관련하여 중요한 부분이므로 하나하나를 소상히 파헤쳐 보았다.

배민의 '송파구에서 일 잘하는 방법'이 외부에서도 꽤 화제가 되었죠? 그런데 왜 송파구라고 한정한 거예요?

저희는 늘 아주 구체적이고 직접적이고 분명한 것을 추구해요. 배민이 하는 여러 활동들이 대부분 그래요. '배달의민족에서 일 잘하는 법'이라고 할 수도 있었겠지만, 그러면 재미가 없잖아요.

송파구는 저희에게 애플의 캘리포니아 같은 곳이에요. 그래서 저희 브랜드 제품에는 'Design by Woowabrothers in Songpa'라고 쓰여 있어요. 이건 애플의 'Designed by Apple in California'를 패러디한 거예요. 저희에게는 송파가 약간 그런 의미예요.

그리고 일단 재밌잖아요. 대표적인 주택가인 송파구에 저희 회사가 있다는 것 자체가 좀 색다른 느낌이 들죠. 주택가만 있는 줄 알았고 기업하고는 덜 어울리는 분위기인데 송파구라고 들이미니, 사람들이 더 재미있게 받아들인 것 같아요.

첫 번째 항목, '9시 1분은 9시가 아니다'라는 말은 마음에 쿵 와 닿아요. 카피라이터 출신의 지인에게 이야기했더니 '지각 엄금'이라고 써도 되는데, 머리가 아닌 마음을 흔드는 표현이라며 극찬하더라고요. 실제 어느 정도로 지켜지고 있어요? 늦으면 벌칙이 주어지긴 하나요?

일단 출근시간을 어기면 본인의 직속상관부터 저에게까지 근태 메일을 보내야 해요. 자기의 출근시간을 매일같이 보고하는 거예요. 10명 좀 넘게 매일 저에게 보고를 해요. 그렇게 하다가 잘하고 있으면 자연스레 풀어주는 거죠.

우아한형제들

송파구에서 일을 더 잘하는 11가지 방법 몽촌로성역 편

1 ~~9시 1분은 9시가 아니다.~~ 12시 1분은 12시가 아니다.

2017년 7월 1일

2 실행은 수직적! 문화는 수평적~

3 잡담을 많이 나누는 것이 경쟁력이다.

4 쓰레기는 먼저 본 사람이 줍는다.

5 휴가나 퇴근시 눈치 주는 농담을 하지 않는다.

6 보고는 팩트에 기반한다.

7 일의 목적, 기간, 결과, 공유자를 고민하며 일한다.

8 책임은 실행한 사람이 아닌 결정한 사람이 진다.

9 가족에게 부끄러운 일은 하지 않는다.

10 모든 일의 궁극적인 목적은 '고객창출'과 '고객만족'이다.

11 이끌거나, 따르거나, 떠나거나 !

우아한형제들에게 회사란 '평범한 사람들이 모여 비범한 성과를 만들어는 곳'입니다.
이같은 생각은 '좋은 조직은 개인의 강점을 극대화하고 약점은 무력화할 수 있어야 한다'는 피터 드러커의 경영 철학을 바탕으로 하고 있습니다.

우아한형제들은 '건강한 조직문화를 만들기 위해 '존중'과 '배려'의 협동 정신을 바탕으로 서로에게 인간적인 예의를 다 하는 가운데,
'고객 회출' 및 '고객 만족'이라는 궁극적인 목표를 실천하기 위해 끊임없이 노력하는 조직이 되어야 합니다.

'송파구에서 일을 더 잘하는 11가지 방법'은 이와 같은 전제 하에 우리가 추구해야 할 일하는 방식을 분명하고도 구체적으로 표현하고, 그 의미를 하나씩 살펴보고자 하는 취지로 마련된 것입니다.
ps. 자신만의 편안함과 유익함을 위한 자의적 해석은 지양되어야 하겠습니다.

2017. 2. 13 김봉진

창의적인 룰 세팅

배민의 룰 세팅은 자율적이며 창의적이지만, 적용은 엄격하다.

사실 제가 메일을 읽건 안 읽건 출근시간이 찍히잖아요. 본인들도 얼마나 부끄러운 일인지 잘 알죠. 주변 사람들에게도 소문이 나요. 불시에 지각검사를 하기도 하고요. 단체카톡방 중에 TF^Task Force 방이 여럿 있어요. 그중 하나가 '근면성실 TF'인데요. 그 팀들과 함께 '어떻게 하면 회사의 지각을 줄일 수 있을까?'를 고민해요. 지각이 완전히 사라지진 않겠지만, 늘 신경 쓰는 모습을 보임으로써 계속 긴장을 늦추지 않게 하죠.

여러 번 경고를 해도 안 되는 경우에는 심각하게 면담을 하죠. 회사정책이고 입사할 때부터 합의한 사안이기 때문에 4~5번 이상 계속 문제가 생기면 제가 솔직하게 이야기를 하죠. '왜 출근시간 때문에 스트레스 받으면서 회사를 다니느냐'고요.

수많은 회사들 중에 출근시간을 엄격하게 따지지 않는 회사들 꽤 많죠. IT 쪽일수록 더 그렇고요. 우리 회사에서는 아무리 일을 잘해도 지각 때문에 좋은 기회를 놓칠 수도 있다고 말해줘요. 근태 때문에 좀 더 자유로운 곳으로 옮긴 직원도 두어 명 있었어요.

왜 그렇게 '지각'에 엄정한 잣대를 세우나요? 아무리 자유를 부여한다고 해도 지켜야 할 선은 반드시 지켜야 한다는 말씀인가요?

네, 자유와 자율은 다르죠. 회사는 개인이 더 오랫동안 몰두하고 연구하며 자율적으로 일을 잘할 수 있도록 자유를 준 거지, 자유로운 문화를 거저 선사하는 곳이 아니잖아요. 원칙 없이 세워진 자유로운 문화는 오히려 위험하다고 생각합니다.

'9시 1분은 9시가 아니다'는 '지각엄금'보다 더 강하게 와 닿아요. 그런 표현은 누가 짓는 건가요?

구성원들과 같이 만들고 있어요. 정확하게 기억은 안 나는데, 그 표현을 어디선가 먼저 썼던 곳이 있어요. 회의시간을 잘 지키는 것에 대한 이야기였는데, 누가 그런 형식으로 말하는 게 좋다고 의견을 냈어요. 그래서 지각을 언급하면서 그걸 패러디한 거죠.

두 번째 항목, '업무는 수직적, 인간관계는 수평적으로'라는 얘기를 좀 구체적으로 설명해 준다면요?

요즘 많은 기업들이 '수평적'인 것에 대해 관심을 가져요. 창의적인 조직을 만들기 위해서는 수평적인 게 좋다고 생각하는 사람들이 많죠. 언론에서도 수평적인 문화를 가진 기업을 칭찬하고요.

그렇지만 모든 조건들이 수평적인 게 정말 좋을까요? 한 번쯤 생각해볼 만한 문제입니다. 왜 사람들은 수평적인 게 좋다고 여길까요? 기존의 조직이 수직적이었기 때문에 반대되는 얘기를 하는 거라고 봐요.

그런데 저희 회사의 경우에는 기본적으로 수평적이고 자율적인 문화이기 때문에 오히려 반대되는 것들이 필요하다고 생각해요. 즉 수직적인 규율이 늘 요구됩니다. 따지고 보면 업무의 기본은 성과를 내야 하는 거니까 어느 정도 수직적인 규율이 필요해요. 회사는 혼자가 아닌 사람들과 함께 일하는 거잖아요.

회사에서 받는 스트레스는 크게 두 가지예요. 일에 대한 스트레

규율이 성패를 좌우한다

영국축구 역사상 가장 유능한 감독으로 인정받는 맨체스터 유나이티드의 알렉스 퍼거슨 경이 쓴 《리딩(Leading)》이란 책에, 그가 얼마나 규율을 중시 여겼는지 나온다.

선수들에게는 출전금지가 가장 혹독한 벌이라고 한다. 퍼거슨 감독은 술이 덜 깬 상태로 훈련장에 나타나거나 팬들과 싸움을 벌인 선수는 가차 없이 다음 경기에서 제외했다고 한다. 그 바람에 아깝게 놓친 우승도 몇 번은 있었던 모양이다.

그러나 규율을 항상 우선순위에 두었기에 그는 38년의 감독 생활 중 우승컵을 49번이나 손에 쥘 수 있었다. 퍼거슨 감독은 규율을 포기하는 순간 성공은 멀어지게 된다면서, "장기적인 관점에서 원칙은 임시방편보다 중요하다. 11명의 뛰어난 선수들이 훈련에 최선을 다하고, 체중을 유지하고, 충분히 숙면을 취하고, 정확한 시간에 경기장에 나타나기만 한다면, 승리의 절반은 이미 이룬 셈이다. 그러나 놀랍게도 많은 구단들이 이 간단한 일을 해내지 못한다"고 얘기한다.

간단한 듯싶지만, 기본적 규율을 따르는 것이 쉽지 않을 때가 많다. 하지만 그 기본을 지키느냐가 성패를 나누는 시금석이 된다. '자유로운 분위기'와 '규율 없음'을 혼동해서는 안 된다.

스와 사람에 대한 스트레스인데, 일에 대한 스트레스는 건강한 스트레스라고 생각해요. 적당한 스트레스는 업무를 도전적으로 받아들이게 하고 결국 그 이상을 해내게 하는 성장 촉진제가 되죠. 만약에 회사에서 한 달 동안 아무 일도 안 준다면 사람들은 오히려 스트레스 때문에 미쳐버릴지도 몰라요.

정말 안 좋은 스트레스는 사람에게서 받는 스트레스예요. '이 업무보고는 어떻게 해야 미움받지 않을까?', '왜 쟤가 나를 싫어할까?' 같은 거죠. 그러니까 회사에서 사람에 대한 스트레스는 받지 말고 일에 대한 스트레스는 받자. 스트레스는 어떻게 보면 좋은 것일 수도 있다는 얘기를 하고 싶었어요.

인간적인 부분에서는 조금 더 수평적인 문화를 일궈야죠. 하지만 일을 효과적으로 진행하려면 대표부터 인턴까지 일사불란하게 움직일 수 있어야 하잖아요. 그러려면 업무는 자연히 수직적이 되어야 하겠죠.

참 좋은 얘기지만, 일은 수직적으로 하면서 인간관계는 수평적으로 만든다는 게 실질적으로 가능한가요?

공자님 말씀 중에 제가 굉장히 좋아하는 구절이 있어요. '군자는 군주에게 신뢰를 얻기 전에 간언하지 않고, 군자는 백성에게 신뢰를 얻기 전에 일을 시키지 않는다'는 말이에요. 사실 구성원 간에 서로에 대한 신뢰를 쌓은 후에 일한다면, 수직적이냐 수평적이냐는 다음 문제인 것 같아요. 건강한 관계가 되면 그다음부터는 자연스럽게 신뢰가 생기겠죠.

그런데 문제가 분명 없지는 않아요. 좋은 관계를 과도하게 해석해서 팀장과 자신이 대등하다고 여기면서 팀원이 팀장의 지시에 따르지 않는 일도 생겨요. 그럴 때는 위에서 개입해서 전부 면담을 해요. 팀장의 역할이 잘못된 건지, 리더십이 부족한 건지 혹은 팔로워십이 문제인지를 다양한 각도에서 인터뷰한 후에 보직을 바꿔주거나 다른 조치를 취하죠.

수평적 인간관계가 무조건 좋지만은 않다고 생각해요. 저희도 이상적으로 다 잘할 수는 없지만 그런 것을 추구한다는 거죠.

수평적인 인간관계, 건강한 관계를 맺는다고 해도 일을 하다 보면 사람과 사람 사이에 부딪힐 일도 생기잖아요? 어떤 특정한 사람을 자연스럽게 멀리하게 되기도 하고요. 좋은 제도이긴 한데 다른 회사에도 적용 가능할까요?

구조적인 장치가 필요해요. 우선 개인에 대한 성과평가와 인센티브가 없어야 해요. 다른 사람과 경쟁하는 게 아니라 공동의 목표를 같이 이루자는 대의가 있으면, 똑같이 의견을 내고 얘기할 수 있거든요. 일을 어떻게 하느냐에 따라서 특정 구성원의 인센티브가 올라가거나 인사고과가 좋아진다면 아무래도 사람인 만큼 자기와 관련된 이익을 따지게 되거든요. 그럼 업무적으로 마찰이 생길 수밖에 없어요.

개인에 대한 이익이나 보상 대신 '이 프로젝트를 잘해내자'라는 목표를 세우고 회의를 하면 각자의 역할도 자연스럽게 정해져요.

저희가 구조적으로 직속 상급자에 의한 인사고과나 인센티브제를 취하지 않는 것도 그런 이유입니다.

이것과 연장선상에 있는 얘기인데, 개인을 칭찬하지 않아요. 좋은 아이디어가 나와도 "이거 누구 아이디어야?"라고 묻지 않아요. 대부분의 조직에서는 "이거 누가 했어?" 하면서 반드시 한 명을 찾아내잖아요. 그리고 그 사람을 본보기로 치켜세워주죠. 사실 팀들끼리 작업하면서 다 함께 주고받은 내용에서 나온 건데도요. 그렇게 되는 순간 더 이상 남을 돕지 않아요. 어시스트는 사라지고 스트라이커는 자기가 잘나서 골을 넣은 줄 아는 거죠. 조직적으로 그런 문화를 피하려고 해요.

그렇다고 해서 연말 성과평가를 아예 안 하는 것은 아니겠지요?

조금 복잡하긴 해요. 우선 150명 정도씩 끊어서 구성원들의 연봉, 연차 등 여러 가지를 한꺼번에 다 기입해요. 그리고 핵심 파트너들과 인사를 총괄하는 담당자 5~6명 정도가 모여 모든 사람들의 연봉을 동시에 보면서, 직군, 직책별로 연봉을 얼마만큼 높일 거라는 표를 만들고 거기에 맞춰요. 그러니까 규칙이 될 수 있는 룰을 하나 만들어놓고 한 사람 한 사람 다 맞추는 거예요. 동시에 보면 재무팀에 있는 3년 차가 개발팀 3년 차랑 연봉 차이가 나는지 볼 수 있거든요. 왜 차이가 나느냐에 대해서 토론을 하고, 각 구성원의 공헌도에 따라 높이기도 하고 낮추기도 해요.

그런데 여기서 문제는 뭐냐 하면, 입사할 때 협상을 잘한 친구들은 연봉이 높아요. 대부분의 회사들이 비슷한 비율로 연봉을 인상하기 때문에 처음에 협상을 잘하고 들어온 친구의 연봉은 계속 높고, 그렇지 못한 친구는 계속 낮은 연봉을 받아요. 저희는 그 굴레를 깨려고 해요.

작은 회사에서 왔는데 성과가 좋을 수도 있고, 네이버처럼 큰 회사에서 왔는데 퍼포먼스를 기대보다 덜 낼 수도 있잖아요. 그대로 두면 2~3년이 지나도 결과적으로 큰 회사에서 온 친구들 연봉이 높거든요. 중소기업이나 에이전시 같은 대행사에서 온 친구들은 원래부터 연봉이 낮은 데다 아무리 성과가 좋아도 1년에 1000만 원, 2000만 원씩은 올려줄 수 없으니까 계속 낮아요. 그걸 깨야죠. 어떤 친구는 2000만 원 오르기도 하고 어떤 친구는 100만 원 오르기도 하고.

여기서 중요한 점은 이 연봉 테이블(table, 표)이 모든 사람들에게 공개됐을 때 사람들이 '아, 이 친구가 이 정도 받으니까 나도 이 정도 받는구나' 하고 납득할 수 있느냐는 거예요. 그런 기준으로 합리적인 연봉인지를 계속 생각해보는 거죠. 가령 7년 차 엔지니어의 연봉을 조정하고 나면 그걸 7년 차 디자이너 연봉과 비교해보는 거예요. 물론 직군별 차이는 있지만 이런 것들을 체크하죠.

외부 인사팀에서 하는 방식도 검토해보려고 하고요. 여러 가지 스터디를 하고 있어요. 그들이 그렇게 하는 데에는 반드시 이유가 있을 테니까요.

세 번째 항목, '간단한 보고는 상급자가 하급자 자리에 가서 이야기 나눈다'라는 것도 일반적인 한국 조직에서는 볼 수 없는 상황인 것 같은데요? 이렇게 명시한 이유가 있나요?

하급자가 상급자 자리로 보고하러 가면 당연히 긴장될 수밖에 없죠. 학생이 교수님에게 찾아갈 때처럼요. 강의실에서 내가 쓴 리포트를 발표할 때랑 교수님 방에서 얘기할 때는 완전히 다르죠.

사실 보고할 내용을 가장 많이 고민하고 연구한 사람은 실무자거든요. 실무자가 가장 편한 상황에서 이야기할 수 있도록 배려해주는 게 옳다고 봐요. 실무자가 상급자 자리에 가서 혼자 보고하는 것이 부담스러울 수도 있고요. 상급자와 한 얘기를 다시 팀에 돌아가서 전달할 때 그 내용이 자칫 왜곡될 수도 있어요. 상급자와 얘기했던 의도와 다른 상황이 일어날 수 있는 거죠.

그런데 상급자가 실무자에게 가면, 같이 작업한 팀원들과 다 함께 얘기하기 때문에 소통이 훨씬 잘돼요. 왜 이렇게 됐는지에 대해 물어보면 바로 옆 사람들이 답해줄 수도 있고요. 이렇게 하면 의사소통 과정이 공유되고 그에 따른 결정도 투명하게 진행되기 때문에 모두가 공감할 수 있겠지요.

그런데 무언가를 보고해야 할 시점은 팀원이 알지 팀장이 아는 게 아니잖아요. 보고할 게 있으니 오라고 호출해야 하나요?

팀원들이 그냥 메신저로 이야기하거나 '지금 이런 게 있는데 어떻게 할까요?' 하고 팀장에게 편하게 물어봐요. 그럼 '이따 내려갈게요' 하고 내려가죠. 그런 과정에서 팀장은 다른 구성원들 얼굴도 자주 보게 되니까 더 좋죠.

대표님 성격에는 맞을지 몰라도 다른 상급자들도 그렇게 편하게 생각할까요? 내가 직원이라면 아무래도 보고할 타이밍도 봐야 할 것 같고, 상사 기분도 살필 것 같은데요. 상사가 내 자리로 온다는 게 어떨지 상상이 안 되어서요.

두 가지 경우가 있는 것 같아요. 실무자가 상사의 결정을 필요로 할 때가 있고, 상사가 그 일이 제대로 진행되고 있는지를 확인해야 할 때가 있어요. 상사가 뭔가를 알고 싶을 때는 심플해요. 궁금하면 가서 물어보면 되니까. 대표인 저도 자주 돌아다니면서 얘기를 듣고 있어요. 물론 중요한 결정은 전부 모여서 하기도 하죠. 그럴 때는 시간을 따로 잡고 문서로 정리해서 구성원들과 정식으로 공유하죠.

세 번째 항목에서 말하는 보고는 중간 점검 같은 거예요. 기획서를 보름 동안 죽어라고 매달려서 썼는데 방향이 전혀 다르면 안 되잖아요. 결론을 낼 때까지 중간 과정에서 제대로 하고 있는지 수시로 점검하자는 의미가 크죠.

어떻게 그런 색다른 생각을 하게 됐는지 궁금해요. 상급자가 하급자 자리로 가서 이야기한다는 건 한국 사회에서는 생각하기 힘든 거 같아서요.

제가 좀 특별한 체험을 했어요. 직장생활에서 남들보다 빨리 승진한 편이어서 서른 살 되기 전에 팀장을 달았고, 삼십대 초반에 아트 디렉터를 했어요. 디자인 쪽에서는 어느 정도 자리를 잡았는데, 회사를 나와 가구 사업을 하다가 쫄딱 망했다고 했잖아요.

사업 실패 후 급하게 취업해야 되는 상황이었어요. 그래서 네이버에 입사할 때 협상도 없이 취업했어요. 원래 실장이었는데 그냥 평사원으로 연봉도 깎인 채로 입사했죠. 저를 면접한 담당자는 저에게 6개월 뒤에 좋은 자리를 줄 수 있을 거라고 얘기했는데, 그분이 사라진 거예요. 대기업이니까 누구에게 하소연할 수도 없고요. 어찌하다 보니, 회사에 나이 많은 디자이너가 한 명 앉아 있는 꼴이 되어버렸어요. 제가 평사원인데 제 옆의 팀장, 실장은 저보다 어리고, 심지어 옆에 있는 팀장은 주니어 때 제가 디자인을 알려준 친구였어요. 흔하지 않은 경험이었죠.

'대체 내가 왜 뭔가 잘못했나?'라는 생각도 들었지만, 외려 많은 걸 배웠어요. 어느 정도까지 올라갔다가 다시 바닥으로 내려와서 인턴들과 친하게 지내고, 2~3년 차 친구들하고 지내면서 못 봤던 것들을 보게 됐지요. 그때는 그 시간이 정말 싫었고 견디기 어려웠는데, 그 경험이 거꾸로 회사 창업할 때 도움이 많이 됐던 것 같아요. 상급자가 하급자에게 다가가는 법도 그때를 기억하며 생각해낸 거죠.

넷째 항목, '잡담을 많이 나누는 것이 경쟁력이다'라고 했는데, 일반 기업의 정서와는 많이 다르네요.

여기서도 신뢰 문제가 나오는데요. 일하기 전에 신뢰가 쌓이고 유대관계가 형성되어야만 일이 잘된다고 생각해요. 소소한 잡담은 유대관계를 형성하고, 이는 신뢰로 발전할 수 있죠. 잡담과 수다의 특징은, 하고 난 후 내용은 생각나지 않는다는 거예요. 다 잊어버리고 그 사람과 내가 같은 시간을 보냈다는 유대감만 남지요.

그런데 사실 일할 때는 그 유대감이 되게 중요하거든요. 밥이라도 한 번 먹어본 사람과 일하는 것과 소소한 얘기도 한 번 안 해본 사람하고 갑자기 일하는 거랑 다르잖아요. 그런 이유로 잡담을 수시로 많이 나누게 해요. 그 안에서도 정보들이 오고가고요. 잡담을 많이 나누면 좋은 게, 보고를 하거나 결정해야 할 때 무겁지 않게 얘기할 수 있더라고요. 사전에 가볍게 물어봤으니 조금이라도 편하게 이야기를 꺼낼 수 있죠. 그래서 잡담이 경쟁력이라고 생각해요.

교수님, 여기 제 카톡 좀 보세요. 지금도 이렇게 채팅방 안에서 대화를 하고 있잖아요. 수다를 많이 떨고요. 서비스를 기획하는 회의는 또 다르지만 아이디어 회의 같은 경우에는 이렇게 자유롭게 계속 수다를 떨도록 해요. 자기들끼리 짤방도 올리고. 디자이너 방도 따로 있어요. 저희는 회사에서 채팅 같은 거 금지하지 않고 오히려 장려하거든요.

잡담을 장려하는 문화에 혹시 부작용은 없나요?
저도 처음에는 괜찮을지 우려도 좀 있었는데, 〈공부하는 인간〉이라는 다큐멘터리를 보고 위안을 받았어요. 인종마다 공부하는 방식이 다르다는 거예요. 한국 사람은 계속 암기한다. 일본 사람은 계속 메모한다. 중국 사람은 소리 내서 읽는다. 유대인들은 하나의 주제로 계속 토론한다. 저희는 분류하자면 유대인 방식을 추구해보고 있어요. 조용히 앉아서 자기 PPT 만들고, 문서 작성하고, 이메일 쓰고, 보고하는 방식보다 앉아서 서로 이야기하는 거예요. 그건 왜 그래야 하는가, 정말 최선인가, 다른 방법은 없는가, 그에 대한 근거는 뭔가 등등에 대해 계속 이야기 나누도록 만드는 거예요. 혼자 꽁꽁 싸매고 한 달 동안 준비해서 '짠~' 하고 발표하면 깨지는 게 당연해요.

반면 수시로 대화를 나누면 PPT를 그렇게까지 공들여서 만들 필요도 없어요. 거의 결정을 내린 상태에서 한 번 정리하자는 의미에서 문서화하면 돼요. 투자자들에게 보고도 해야 하고 다른 사람들이 왔을 때 이 일이 어떻게 되는지 알아야 하니까 문서를 정리하는 식이에요.

잡담의 효과랄까 목적은 또 있어요. 반복적으로 자기 아이디어를 이야기하고 다른 사람들이 그걸 변형하거나 수정하는 데 익숙해지는 거예요. 내 아이디어를 누군가 반대해도 쿨하게 받아들일 수 있는 문화를 만드는 거죠. 아주 오랫동안 고민하면서 끌고 왔는데 그 아이디어가 아니라고 하면 누구나 크게 상처받잖아요. 하지만 잠깐 생각했다가 툭 던진 아이디어라면 빨리 접을 수 있겠죠. 혼자 생각하는 것보다 집단이 머리를 모아야 좋은 아이디어가 나오거든요. '이건 내 아이디어인데 쟤가 뺏어갔어?'라는 분위기가 생기는 순간 좋은 아이디어는 나오기 어려워요.

어떤 사람들은 사람들과 어울리는 것 자체를 에너지 소모로 여길 수도 있잖아요. 잡담하거나 시끄러운 분위기가 적응이 안 될 수도 있고요. 그런 불평은 없었나요?

그런 구성원들도 제법 있어요. 회사가 생각보다 너무 시끄럽고 정신없다는 거죠. 이야기하고 있는데 메신저는 계속 오고, 단톡방은 10개가 넘으니 정신없다는 의견들도 있어요. 어떤 친구는 전통적인 영업회사에서 왔는데, 어떻게 대표님이 들어왔는데 막내가 자기 자리에서 자고 있는지, 본인 스스로 이런 분위기를 못 견디겠다는 거예요. 신입사원이 대표이사랑 농담하는 분위기를 이해 못하는 친구들도 있고요.

저희는 맞고 틀림의 문제가 아니라 다름의 측면이라 생각하기 때문에 그런 분들에게는 문화적으로 맞는 곳을 찾으면 어떻겠냐고 권해요. 저희가 옳다고 생각해서가 아니라, 우리와 문화적으로 계속 공감할 수 있는 사람이 필요하다고 말하죠. 우리 문화에 익숙한 사람, 우리 문화를 계속 좋아하고 성장시킬 사람을 찾아요.

다섯째 항목, '개발자가 개발만 잘하고 디자이너가 디자인만 잘하면 회사는 망한다'는 말도 인상적이에요.

사실 전문성만 따지면 외주자를 쓰면 해결돼요. 전문 개발자에게 개발을 맡기고 전문 디자인 회사에 디자인을 맡기면 되겠죠. 그런데 회사는 오로지 일만 하는 조직이 아니잖아요. 서로에 대한, 공동체에 대한 어떤 마음, 서로 헌신할 수 있는 마음들이 유기적으로 모여야 잘 돌아가는 곳이잖아요.

저도 디자이너지만 디자이너들은 에고가 센 편이에요. 디자인만 잘하면 된다고 생각해서 나머지 것들에 대해 신경 쓰기 귀찮아하고, 혼자 고립되고, 그러다 보면 사람들한테 미움받고, 자기도 사람들을 미워하고 결국 팀워크가 다 깨지죠. 그런 모습을 너무 많이 봐서인지 자기 업무도 중요하지만 공동체의 일원으로서 역할을 해야 한다는 것들을 계속 강조합니다.

개발자가 개발만 잘하는 게 아니라 디자인도 이해하고 회사 전체도 이해하도록 하기 위해서 어떤 장치를 했어요?

서로 어울리게끔 회사 내에 작은 문화집단을 자꾸 만들어요. 말도 안 되는 거라도 좋으니 서로 다른 팀 여러 명이 함께하도록 해요. 3개 직군에서 10명 이상이 모이면 아무 거라도 할 수 있어요. 가령 머리 큰 사람들만 모이는 '대갈동동동'도 있고, 러닝을 즐기는 '뜀박질러'도 있어요.

저희 회사에 구내식당을 운영하는데 직원들 국 퍼주는 친구들을 '국모'라고 불러요. 자치 운영회 같은 것을 만들어서 '밥상회'를 운영하기도 하고, 여러 명이 같이 밥 먹게 하는 '우아런치'도 있죠. '동동동'은 '동아리인 듯 동아리 아닌 동아리'의 준말이에요. 회사에서 행사할 때도 외부 대행사를 쓰지 않고 행사준비에 다 참여시켜요. 개발자 몇 명, 디자이너 몇 명 모여서 행사기획을 같이해요. 자기 일도 하고 그것도 해야 되는 거예요.

어떤 회사의 경우에는 한 달에 하루는 서로 다른 팀, 예를 들어 마케팅팀과 재무팀이 일을 서로 맞바꿔 하기도 하거든요.

저희는 가끔 엔지니어들을 현장에 나가게 해요. 제가 기획한 건 아니고 저희 CTO님이 영업사원들과 함께 보내더라고요. 마케터들도 영업사원들 따라서 업소 사장님들 만나러 다니기도 하는데, 그러면서 서로 많이 배운다고 해요.

아까 문에 보니 '퇴근할 땐 인사하지 않습니다'라고 붙어 있던데, 여섯째 항목, '휴가 가거나 퇴근 시 눈치 주는 농담을 하지 않는다'는 것과 관련되나요?

거기 쓰인 그대로예요. 기본적인 복지나 법적으로 보장된 휴가를 쓰는데 눈치 주지 말자는 거죠. 가령 생리휴가라는 말도 저희는 그 단어 그대로 말해요. 사람들이 생리휴가라는 단어를 꺼내기 민망해하는데, 그게 법으로 정해져 있어요. 생리할 때만 쓸 수 있고 임신하면 쓸 수 없어요.

그런 것을 명확하게 얘기해줘야 확실히 쓸 수 있어요. 여직원들도 자기가 며칠을 쉬어야 하는지 정확하게 모르는 거예요. 그동안 그렇게 하지 않았으니까. 최소한 법적으로 정해진 것들은 기본적으로 해주는 게 맞다고 생각하거든요. 그런 걸 지키자는 게 여섯째 항목입니다.

회사 다닐 때, 팀장이나 상급자들이 가볍게 던진 말에 사람들이 상처 입고 휴가를 못 쓴 경험이 누구나 한두 번 있거든요. 원래 쉬

내 권리는 당당히 찾으세요

시골 동사무소의 게시물같이 편해 보인다. 눈치 보며 퇴근하고 눈치 보며 휴가 쓰지 않도록 배려하는 마음이 편안하게 다가온다.

는 휴가인데 휴가계 내면 '무슨 일 있어?' 물어보고. 퇴근할 때도 눈치 보고. 그냥 3박 4일 휴가인데 여러 이야기를 늘어놓게 되잖아요. 그래서 아예 물어보지 말라고 해요. 그래서 '휴가엔 사유를 묻지 않습니다' 캠페인도 하고 있죠.

제가 봤을 때는 직급이 높은 사람도 스트레스 받거든요. 그들도 편하게 쉬려면 먼저 그 스트레스를 없애줘야 해요. 직원이 "이사님, 어디 가세요? 일주일 동안 쉬시는 거예요?" 이렇게 물어보면 상사도 스트레스 받기는 마찬가지예요.

일곱째 항목, '팩트에 기반을 둔 보고만 한다'는 건 당연한 얘기 아닌가요?

정확한 정보를 얼마나 가지고 있느냐가 좋은 전략수립의 80% 이상을 차지할 정도로 중요하기 때문이지요. 왜곡된 정보를 가지고 있으면 잘못된 전략이 나올 수밖에 없잖아요. 《칼의 노래》라는 책을 읽었는데 이런 내용이 있었어요.

'본 것을 본 대로 이야기하고, 들은 것을 들은 대로 얘기하고, 본 것과 들은 것을 분리해서 얘기하고, 보지 않고 듣지 않은 것은 일언반구도 이야기하지 말라. 이 팩트에 기반한 전략으로 23전 23승을 거두었다.' 정말 너무 공감 가는 얘기였어요.

누가 저에게 "대표님, 이렇다는데요"라고 하면 저는, "들은 얘기예요? 본 얘기예요? 전해들은 얘기예요?"라고 되물어봐요. 소문이거나 의견일 수도 있다는 거죠. 의견과 소문 같은 건 발라내야 돼요. 이미 한 번 무언가 덧씌워진 왜곡이잖아요. 그걸 바탕으로 전략을 세운다는 건 정말 위험한 일이죠. 팩트에 기반을 둔다는 게 의외로 쉽지 않은 일이어서 계속 훈련해요.

경쟁사, 시장상황, 어디서 들은 이야기, 신문에서 본 이야기 등을 크로스 체크하는 거예요. 한 가지 사안에 대해서 보텀 업bottom up이나 톱다운top down으로 양쪽을 맞춰보죠. 예를 들어 현장에서 경쟁사 상황이 이런 것 같다는 얘기가 나왔어요. 매장 사장님들한테 들은 얘기인 거죠. 그러면 투자자들이나 다른 쪽에 비슷한 정보가 있는지 위아래로 맞춰보는 거예요. 두 번 위아래로 검증해서 맞으면 진짜 사실이라고 생각하죠.

그다음 전략을 짜는 건 쉬워요. 정보가 정확한 상황에서 전략 세우는 건 책에 많이 나와 있잖아요. 보면 항상 그 전략을 세우기 위해 정보를 수집하는 과정에서 왜곡이 생겨요. 정보가 틀리면 그 어떤 전략을 대입해도 이미 안 되는 거죠.

여덟째 항목에서 '일을 시작할 때는 목적, 기간, 예상 산출물, 예상 결과, 공유 대상자를 생각한다'는 건 참 좋은 얘기인데, 직원들이 실제로 이렇게 잘하고 있나요?

사실은 실천이 잘 안 되기 때문에 명문화한 거예요. 이런 조항이 있다는 건 우리가 그게 안 되고 있으니 이렇게 하자는 약속인 거죠. 저희가 PI(Process Innovation) 컨설팅을 받은 적 있거든요. 컨설팅 결과 구성원들이 서로 좋게좋게 얘기하고 상처 안 주려고 하는 것, 어느 정도 선에서 그냥 타협하고 좋게 넘어가는 것들에 대해서 많은 지적을 받았어요. 지금은 많이 나아졌지만 초기에는 그게 정말 잘 안 됐어요. 회의를 시작할 때 목적도 확실하게 얘기하지 않았고, 뭔가 정해지고 나면 총무팀이나 인사팀이나 법무팀에 어떤 영향을 미칠지도 공유가 안 되고, 그래서 만든 룰이에요.

예상 산출물과 예상 결과는 뭐가 다르죠?

예상 산출물(expected output)은 우리가 어떤 프로젝트를 진행해서 얻는 결과죠. 기획서가 될 수도 있고, 컨셉이 될 수도 있고, 코딩이 될 수도 있겠지요. 말 그대로 산출물이에요. 그런데 예상 결과 (expected results)는 그 산출물대로 진행했을 때 어떤 것들이 영향을 받는지에 대한 내용이죠. 한마디로 산출물은 각 부서에서 뭘 만들어오라는 거고, 결과는 산출물이 어디에 어떤 영향을 미치느냐는 겁니다.

아홉째 항목, '나는 일의 마지막이 아닌 중간에 있다'는 건 어떤 의도에서 쓴 걸까요?

그게 여덟째 항목에서 확장된 건데요. 여덟째 항목의 마지막에 공유 대상자가 있잖아요. 모든 작업자는 자기가 커뮤니케이션의 맨 끝에 있지는 않거든요. 다른 사람의 영향을 받으면서 계속 나아가야 하는데, 사람들은 보통 자기가 들은 걸로 끝이라고 생각해요. 자기는 정보를 받은 사람이고 끝이라고 생각하는 거예요. 정보를 받으면 축구에서 공을 패스하듯 다른 사람에게 전해줘야 하는데 말이죠. 모든 일은 그다음 단계나 다른 부서로 전달되어야 유기적으로 움직이지 않겠어요. 그래서 자신이 정보의 끝이 아니라 항상 중간에 있다고 생각하라고 강조한 거죠.

집단사고(group thinking)라는 말 있잖아요. 배민은 얼마나 집단사고를 잘 활용하고 있어요? 꽤 잘되는 것 같기도 하고요.

마케팅 조직 중심으로 예를 들자면, 혼자 하지 않고 함께 나누는 과정이 대부분이에요. 그 과정에서 나 혼자 재밌다고 생각하는 아이디어와 여러 사람이 토론하면서 발전시켜 내놓은 아이디어의 퀄리티는 정말 다른 것 같아요. 신기하게도 많이 모여서 이야기하고 그 과정이 재미있으면 재미있을수록 결과물의 퀄리티가 정말 좋아져요. 저희는 그게 혼자 하는 생각과 집단사고의 차이라고 봐요.

마케팅이라는 게, 말하자면 내 생각을 사람들 사이에 던져주는 거잖아요. 사람들이 그걸 보고 반응할 때 내 아이디어도 실현되겠죠. 우리는 소비자이기도 하고 기획자이기도 하니까 우리끼리 소비자의 반응을 볼 수가 있죠. 집단사고 덕분에 가능한 일입니다.

집단사고가 꼭 좋은 것만은 아니죠. 다수 의견에 휩쓸리기 때문에 가끔 위험할 수도 있지 않을까요?

네, 그 의견에도 충분히 동의해요. 모두가 민주적으로 동일한 목소리를 내면 좋을 것 같지만, 그렇게 따지면 대학생 1000명의 목소리가 전문가집단보다 뛰어나야 하는데, 반드시 그런 건 아니잖아요.

많은 사람이 참여하되 결정은 숙련된 경험을 쌓은 사람이 하는 게 좋겠죠.

숙련된 경험자는 반대로 아이디어가 부족할 수 있어요. 그래서 양쪽이 상호보완적인 역할을 해야지, 모든 것을 소위 민주적 방식으로 결정하는 것은 맞지 않다고 봐요. 그래서 파트장이나 디렉터의 경우에는 항상 그 직군에서 완전히 끝까지 경험한 전문가 위주로 채용해요. 가령 디자인에 대해 많은 다양한 디자이너들이 의견을 낼 수 있겠죠. 하지만 결정은 경험이 가장 풍부한 담당자가 하게 하거든요. 그렇다고 매번 성공할 수는 없지만 실패율이 낮죠. 조직 전체에서 이야기는 많이 나누게 하되, 결정은 경험 많은 리더가 하도록 하고 있습니다.

열 번째 항목, '책임은 실행한 사람이 아닌 결정한 사람이 진다'는 말이 이해되면서도 애매하네요.

많은 경우 현실에서는 실행한 사람들이 책임까지 지게 되잖아요. 대부분의 의사결정은 경영진이 하고 투입할 자원까지 결정한 후에 실무자에게 업무가 주어지는데 말이죠. 의사결정을 하는 사람은 그 일이 정말 잘되도록 최대한 관심을 쏟고 리소스를 투여하며 열심히 지원해 줘야겠죠. 하지만 잘 안 됐을 때는 결정한 사람이 책임져야 한다고 봐요.

결과적으로 아랫사람들이 많은 책임을 지기보다 윗사람들이 더 많은 책임을 져야만 일하기가 좋아진다는 생각이 들어요. 그래야 함께하는 사람들이 과감하게 일할 수 있거든요. 《사장의 일》이라는 책에서 책임에 관한 인상 깊은 문구를 읽었어요. 사업을 하면서 사장의 책임은 어디까지인지를 얘기하는데 '눈이 내리는 것도 사장의 책임이다'라고 쓰여 있더라고요.

그 정도 책임감이면, 때로 나로 인해 실패하지는 않을까 두려워질 때도 있지 않나요?
두렵죠, 늘 두렵죠.

그럼에도 불구하고 계속 앞으로 나아가게 하는 원동력이 있다면요?
용기란 두려워했던 것을 해내려고 할 때 드는 마음이잖아요. 두려운 게 없으면 용기도 있을 수 없겠죠. 두려운 걸 만났을 때 내가 또 한 번 이겨낼 수 있는 배짱이 있느냐, 용기를 낼 수 있는 스피릿이 있느냐가 중요하다고 봐요. 설령 도전해서 실패한다 해도요.

마지막으로 '솔루션 없는 불만만 갖게 되는 때가 회사를 떠날 때다'라고 했는데요.
CNN 창업자 테드 터너가 되게 멋진 말을 했어요. '이끌든지, 따르든지, 비키든지(Lead, Follow or Get out of the way)'라는 말이요. 제가 정말 좋아하는 말인데요. 총대 메고 깃발 꽂고 이끌며 리더십을 발휘하든지, 아니면 확실하게 팔로우십을 발휘해야겠죠. 방관자가 되어서 불만만 갖는 사람은 조직에 필요 없다는 거죠.

사업에서 사람이 중요하다는 말을 어떻게 해석하세요?

일반적으로 '사람이 중요하다'는 이야기를 '사람에게 잘하라'고 해석하는데요. 저는 좀 다르게 생각해요. '적절한 사람이 중요하다'는 말로 해석하죠.

조직에 맞는 적절한 사람이 와야 하고, 그렇지 않은 사람은 빨리 버스에서 내려야 하겠죠. 짐 콜린스의 《좋은 기업을 넘어 위대한 기업으로(Good to Great)》에서 이야기하는 핵심 메시지가 바로 '서로 다르면, 스트레스 받지 말자'는 것이더라고요.

유독 지각은 자주 하지만 재능이 있는 친구도 있잖아요. 그럴 때 심적 갈등이 생기진 않나요?

그럴 수도 있죠. 하지만 교수님도 이미 답을 아시잖아요. 능력이 어느 수준 이상이면 성실한 사람, 그리고 재능이 많은 사람보다는 코드가 잘 맞는 사람이 더 중요하다는 점이요.

저희와 안 맞는 구성원에게는 다른 직장을 찾으면 어떻겠느냐고 권합니다. 그들도 일단 자기 정체성과 가치관이 어느 정도 확립된 상태에서 우리에게 온 거잖아요. 그런데 회사에서 월급 준다는 이유로 개인의 특성까지 바꾸라는 것은 굉장히 오만한 자세라고 생각해요. 일단 우리 회사에 들어왔으니까 웃고 떠드는 게 싫어도 같이 웃고 떠들라는 건 말도 안 되는 거죠.

그런 공감대에 대해 검증하는 기간이 3개월 정도 있어요. 입사 인터뷰에서 늘 얘기하거든요. 수습기간 3개월 동안 당신의 업무성과는 평가하지 않는다. 회사라는 공동체의 구성원으로서 어떻게 어울리고 어떻게 일하는지를 볼 것이라고요. 그래서 다른 사람이 문제가 생겼을 때 어떻게 반응하는지, 자기 자신의 문제를 어떻게 오픈하고 대처하는지, 회사의 행사에 어떤 자세로 참여하는지 등등을 자연스럽게 살피고 그것만 평가해요.

저희와 맞는다고 생각하면 3개월 후부터 업무를 많이 맡깁니다. 물론 3개월 동안에도 일은 하지만 짧은 기간에 성과를 기대한다는 것 자체가 무리잖아요. 일단 서로 합이 맞으면 다음부터 업무는 잘 할 수 있다고 확신해요. 3개월 후에는 저, 그리고 그 사람과 한 번도 일해보지 않은 타 부서 임원이 함께 평가해요. 그 자리에서 저희랑 맞는지 안 맞는지를 결정하죠.

개인적으로 선호하는 직원의 유형이 있나요? 평소 이런 직원이 눈에 더 들어온다든지요.

자신을 좀 희생해서라도 다른 사람들이 능력을 발휘할 수 있도록 잘 서포트하는 친구들이 있어요. 그 친구들은 성과로는 잘 드러나지 않는데 회사를 돌아다니면서 보면 공기로 느껴져요. 조직의 성과를 위해 자기가 하고 싶은 걸 양보한다거나 희생하는 친구들이 제일 고맙고 예쁘죠. 그런 친구들은 조직에 대한 로열티도 높아요.

또 〈엑스맨〉 같은 히어로물 영화를 보면 결정적인 순간, 마지막에 다른 사람들의 에너지를 확 증폭시켜주는 사람들이 나오잖아요. 그런 친구들이 좋아요.

면접에서 그런 성향이 드러나나요? 그런 사람들은 눈에 잘 안 띌 것 같은데요.

겸손함이나 배우고 싶은 마음은 자기를 표현할 때 무의식적으로 드러나는 것 같아요. 이 회사 오면 정말 많이 배울 수 있을 것 같고 체험도 많이 해보고 싶다는 마음이 드러나는 사람들을 뽑아요.

별로 마음이 안 가는 유형이 있다면요?

반대로 겸손함이 없고 그걸 넘어서서 다른 사람들을 인격적으로나 실력으로 무시하는 친구들을 간혹 보면 좀 얄밉죠. 그런 친구들은 처음부터 안 뽑으려고 해요. 면접 볼 때도 자기 어필을 너무 강하게 하는 친구들은 웬만하면 피해요. 안 뽑아요. 저희 조직에는 자기를 내세우는 친구들이 좀 적은 편이에요. 설령 그런 성향이 있더라도 회사가 그런 분위기를 반기지 않는다는 걸 아니까 드러내지 않는 것 같기도 해요.

혹시 직원에게 배신당했다고 느낀 적은 있나요?

입장 차이니까 배신이라고 말할 수는 없어요. 어쩌면 그쪽이 저에게 배신당했다고 생각할 수도 있겠죠. 제가 존경하는 어떤 사장님이 이런 이야기를 해주셨어요. 잘못된 관계가 됐다고 생각했을 때 회복할 수 없다면 솔직하게 이야기하고 빨리 헤어지는 게 좋다고요. 왜냐면 사람은 어떤 다른 사람이 왜 싫은지 수만 가지 이유를 만들 수 있거든요. 안 맞는 건, 그냥 안 맞는 거예요.

혜민 스님도 비슷한 이야기를 했는데요. 상대방에게 잘못한 거나 불편한 게 있으면 '내 맘은 그렇지 않은데, 나도 모르게 서운한 맘이 드네'라고 얘기하라고 하더라고요. 왜 그런지 모르겠지만, 제가 느끼는 서운함을 털어놓는 것만으로도 앙금이 가라앉으니 그렇게 하고 있어요.

직장이
과연 재밌는 놀이터가
될 수 있을까?

2016년 9월에 방영된 〈요즘 젊은 것들의 사표〉라는 제목의 SBS 다큐멘터리가 화제가 되었다. 여기서 한 중역의 인터뷰가 인상적이다.

예전에는 회식한다 하면 직원 모두가 일사불란하게 갔는데 요새는 개인적인 이유를 들어 많이들 빠진다며 "요즘 젊은이들은 소속감도 약하고 끈기가 없다"고 말한다. 아마도 기성세대의 마음을 대변한 것이 아닐까 싶다.

이에 대해 대기업을 퇴사한 한 젊은이는 자기가 조직에서 어떻게 쓰이며, 어떤 모습으로 발전할지가 안 보여서 퇴사했다고 말했다. 먹고사는 문제 이전에 "이렇게 살려고 태어난 건 아닌데, 인생과 시간을 그냥 허비하고 있다"는 느낌이 들어 사표를 던졌다는 것이다.

예전 세대는 먹고살아야 하니까 하기 싫은 일이라도 억지로 일해야만 한다고 생각했지만, 요즘 젊은이들은 다르다. 자신이 하는 일에서 의미나 재미를 찾으면 신나서 일하지만, 아니면 손을 놓고 만다.

김 대표의 마케팅에 대한 철칙은 "고객만족이 최고의 마케팅이다. 그런데 고객을 만족시키려면, 직원을 먼저 만족시켜라"이다. 실제 직원들에게 원하는 것을 써내도록 하여 '우아한 버킷리스트(bucket list: 죽기 전에 꼭 해야 할 일이나 달성하고 싶은 목표 리스트)'를 만들게 한 것으로도 유명하다.

그렇다고 원하는 것을 무조건 하게 해주는 문화는 아니다. 배민이 원하는 인재상은 거칠게 말하면 '자발적 노예'다. 하고 싶은 대로, 누리고 싶은 대로 회사생활을 하는 것이 아니라 스스로 배민 문화를 즐기며 원하는 것을 쟁취해내는 것이 중요하다고 생각하기 때문이다.

회사가 고객을 만족시키려면 직원을 먼저 만족시켜야 한다는 말을 자주 하시죠.

《인터널 마케팅》이라는 책에서 '고객을 만족시키려면 우선 직원을 만족시켜라'라는 대목을 보고 생각을 많이 하게 됐어요. 마케팅이라고 하면 보통 외부에서만 이루어지는 걸로 생각하잖아요. 고객을 상대로 할인행사하고 광고하고 매출 높이는 활동이요.

그런데 실질적으로 중요한 것은 '내부 직원들이 자기 회사를 마음 깊이 사랑하게 만드는 것'이라고 생각합니다. 그래야 사람들이 정말 그 서비스를 진정성 있게 만들 수 있겠죠. 저희 구성원들을 행복하게 하는 방법을 계속 고민하고, 즐겁게 일할 수 있는 환경을 만들려고 노력하는 것도 이 때문이지요.

회사가 고객을 만족시키기 위해 먼저 자기 회사 직원들을 만족시켜야 하는 이유는 행복한 직원이 행복한 제품과 서비스를 만들 수 있기 때문이에요. 회사 생활에 불만이 많고 상처도 많은데 어떻게 좋은 서비스를 만들 수 있겠어요.

저는 새로운 홍보용 브랜드 제품을 만들더라도 우리 구성원들이 가장 먼저 써보게 해요. 저희가 만든 브랜드 제품들을 개인적으로 갖고 싶어 하는 사람들이 많잖아요. 저는 그럴 때마다 "배달의민족 브랜드 제품을 갖고 싶으면, 우리 구성원들과 친해지면 됩니다"라고 말하죠. 직원은 창업자가 만족시켜야 할 가장 중요한 고객이지요.

구성원을 만족시키는 데 애를 많이 쓴다고 반드시 즐거운 기업문화가 되는 건 아니지 않나요?

그럼요. 그보다는 '자발적인' 분위기를 조성하는 것이 중요하죠. 예를 들어, 매달 제비뽑기를 해서 각 층마다 안전보건총책임자(안보총)를 뽑아요. 물론 명단에는 대표인 저부터 인턴까지 모두 포함되지요. 이후 안보총은 '이달의 피플이'로 다시 한 번 이름을 바꾸었습니다. 피플이가 하는 일은 이름 그대로 층별 안전과 보건을 책임지는 거예요. 이달의 피플이로 명칭이 바뀌면서 안보총은 안전과 보건 말고도 각층 구성원들의 마음을 챙기는 일까지 추가해서 구성원과 회사의 문화를 케어하는 피플팀 역할을 하게 되었습니다.

매일 아침 배달되는 간식용 과일을 보기 좋게 꺼내놓고, 간식이

고객은 둘째다

새해 벽두에 준오헤어의 시무식에 가보면, 그 엄청난 위용에 압도된다. 120개가 넘는 직영매장에서 참가한 2500명 직원들이 뿜어내는 열기는 큰 강당을 삼킬 정도이다. 한국 미용계에서 매년 10% 이상의 성장세를 지속하는 준오헤어, 그 성공비결은 무엇일까?

강윤선 대표에게 '준오헤어 미용업業의 본질'이 한마디로 뭐냐고 물으면, 주저 없이 'People Business'라고 대답한다. 고객도 고객이지만, 그에 앞서 직원을 먼저 생각한다는 것이다. 헬 로즌블러스Hal Rosenbluth의 책 제목처럼, 《고객은 둘째(The customer comes second)》이고, 우선은 직원인 것이다.

모든 기업은 그것이 무엇이든 나름대로의 문화를 가지고 있다. 문화가 희미하다면, 그것도 하나의 문화이다. 그런데 문화를 만드는 것은 바로 구성원이다. 그러기에 구성원이야말로 진정한 경쟁력이다.

인터넷 기반의 회사들이 흔히 범하는 실수 중 하나가 온라인이라고 해서 사람을 배제하려 한다는 점이다. 직원은 온라인 사업에서도 가장 중요한 자산이다.

떨어지지 않도록 잘 유지하고, 껍질이 쌓여서 지저분해지지 않도록 음식물 쓰레기통도 그때그때 비우고요. 피플이가 지속적으로 관심을 받다 보니 사내 SNS을 통해 층별끼리 경쟁이 붙기도 해요.

매주 금요일 오전에는 9시 땡~ 하면 음악소리에 맞춰 일제히 자리에서 일어나 청소를 하는 문화가 있어요. 새마을운동 같은 건데, 물론 건물에 청소해주시는 분들이 계시지만, 저희가 쓰는 물건과 공간을 스스로 청소할 때 의미도 있고, 또 재미도 있어요.

그렇다고 해도 사람 때문에 생기는 문제가 아예 없는 건 설마 아니겠죠?

계속 문제들이 일어나죠. 회사와 사회는 같은 단어잖아요. '모일 회(會)'와 '모일 사(社)'인데 어떻게 앞뒤로 쓰냐에 따라서 '사회'가 되기도 하고 '회사'가 되기도 하죠. 저는 결국 회사도 사회라고 생각해요. 사람들이 모여서 일하는 곳이고, 또한 각자의 이기심이 충돌하는 곳이니까요.

한편으로 보면, 다들 이기심을 갖고 회사를 다니는 거잖아요. 월급도 벌어야 하고, 각자 개인적인, 어떤 자아실현을 위해 다니는 거죠. 이건 건강한 이기심이고, 자본주의의 발달을 이끌어낸 이기심이에요. 그런데 그 이기심은 서로 충돌될 수밖에 없겠죠. 이기심이 충돌되는 과정들이 참 힘들죠.

내부직원 만족을 위한 대표님의 역할이 따로 있을까요?

제가 구성원들을 위해 따로 마련하는 시간으로는 '봉타임'이 있어요. 매주 수요일 오전 일찍, '통나무방'이라는 회의실에 20~30명이 와요. 누구든지 올 수 있고 누구든지 익명으로 질문을 남길 수 있어요. 그 질문을 제가 읽고 답변을 하거나 토론을 하거나 제가 답변을 하기 싫으면 안 해도 돼요. 무거운 주제도 나오고 내부고발도 나와요. 1년 정도 해왔어요.

서로 토론을 해서 정해야 하는 문제들도 있어요. 회사에 커피머신이 있고 컵이 있는데, 컵을 아무 데다 두는 거예요. 저희 자치운영회인 밥상회가 그걸 관리하거든요. 그래서 밥상회에서 커피 컵을 다 없애버리고 무조건 텀블러나 머그컵을 가져와서 먹으라고 했더니 몇몇 구성원들이 저한테 항의를 하는 거예요, 컵이 없어서 불편하다고.

저는 자치위원회에 위임한 안건이니 거길 통해 자발적으로 결정하라고 했죠. 그럼 자기들끼리 모여서 막 토론을 해요. 아무리 사소한 문제라도 조직에서는 그 하나하나가 모두 중요하다고 생각하거든요. 이 컵을 아무 데나 두지 않고 자기가 잘 알아서 먹고 치우는 문화를 만들기 위해서 무엇을 해야 하는가, 이걸 토론을 통해 만들어 나가는 거죠.

굳이 그런 문제까지 토론을 한다면, 시간이 아깝잖아요?

그런데 대표나 경영진이 결정하게 되면 더 많은 불만이 생기더라고요. 같이 논의해서 결정됐다는 것, 서로 합의해서 가는 그 과정이 정말 중요하다고 생각해요. 물론 제가 이건 이렇다고 정할 때도 있죠.

사소한 문제에 대해서도 토론하는 것처럼, 배민 직원 모두가 가장 많이 공통적으로 이야기하는 목표나 비전이 있나요?

네, 저희 내부에서 가장 많이 이야기하는 게 '새로운 기업문화를 만들자'는 거예요. 저도 창업을 하고 나서 기업이란 결국 무엇을 만드는가에 대해서 생각해봤어요. 기업은 서비스나 재화를 생산하죠. 그럼 그로 인해 사람들이 행복해졌는가를 따져보면 행복해졌죠, 어떤 관점에서는요.

그런데 100년 전에 비해 우리가 행복해졌는지를 생각해보면 답변을 못하겠더라고요. 100년 동안 세탁기, 자동차, 인터넷, 페이스북, 구글이 만들어졌지만 사람들은 그냥 조금 더 편리해진 것뿐이지, 행복해진 것인지는 잘 모르겠어요. 편리함과 행복과는 큰 상관관계가 없다고 생각해요. 경영자들 중 많은 분은 기업이 사람들의 생활을 조금 더 편리하게 만들어주면 행복해질 거라고 생각하는 것 같지만요.

저희는 일하는 방식, 일하는 과정에서 행복을 느껴야 한다고 믿거든요. 그런 마음으로 저희만의 새로운 회사문화를 하나씩 실현해보자고 이야기해요. 이게 저희 구성원들이 자부심을 크게 느끼는 부분이기도 해요.

물론 그렇다고 우리 모두가 행복하진 않죠. 불행하다고 생각하는 사람들도 물론 있으니까요. 하지만 뭐가 됐든 시도해본다는 게 중요한 것 같아요.

행복을 위한 새로운 시도로 어떤 것들을 합니까?

예를 들어 월요일 오후에 출근하는 4.5일제를 하고 있어요. 자녀가 어린이집 입학, 졸업하면 휴가도 줘요. 복지 차원에서 연차를 쓰는 게 아니에요. 인생에서 아이가 졸업하는 날은 한 번인데 그날 졸업 사진에 엄마 아빠가 나오면 좋겠다는 거죠.

앞에 이야기한 잡담하는 분위기, 수평적인 인간관계, 그런 문화를 만들어가는 것도 의미 있는 일이라고 생각해요. 그냥 저희끼리 좋은 걸로 끝나는 건 아니에요. 저희가 배달의민족이라는 이름으로 세상에 작은 변화를 일으키는 거죠. 그렇다 해도 결국에는 다른 누군가가 이걸 또 혁신하겠죠.

저희도 네이버 문화를 바탕으로 시작했어요. 네이버는 삼성전자에서 시작된 문화고, 삼성전자는 그전의 다른 회사에서 시작된 거고. 그동안 많은 회사들이 제조업 베이스의 문화에 머물러 있었잖아요. 그런데 이제 산업구조가 바뀌는 분위기니까 그 중간에서 저희가 새로운 것을 많이 시도해보려는 거죠. 4.5일제든, 수평적인 관계든 새로운 문화가 한번 정착하면 그다음에 더 좋은 문화가 생길 거예요. 우리 회사에서 일했던 사람들이 창업을 한다면, 그 또한 더 좋은 문화로 진화해 퍼져나가겠죠.

물론 새로운 기업문화를 창출하는 것 자체가 배민의 목적은 아니겠죠?

네, 저희가 중요하게 생각하는 건, 기존에 하던 방식이 아닌 새로운 문화임에도 불구하고 1등이어야 한다는 거예요. 자유롭고 수평적인 문화를 추구하는 회사들 중에 2등으로 밀리는 회사가 많아요. 직원들의 창의성을 위해서 자유를 줬는데 뭔가 느슨해지면서 시장에서 도태된 서비스들이 많이 나오는 거죠. 그래서 저희 구성원들과 저는 그럼에도 불구하고 우리가 1등이어야 한다, 시장을 선도해야 한다고 이야기해요. 그래야 저희가 만든 문화를 기억해줄 것 아니에요.

가령 4.5일제를 했는데 저희 회사가 잘 안 되면, 다음에 누구도 그 제도를 안 할 거 아니겠어요. "배민이 4.5일제 했는데, 잘 안 됐다면서?"라면서요. 그런데 성과가 좋으면 "우와, 4.5일제 하는데도 계속 1등 하네"라 하겠죠. 그럼 이제 다른 조직에서도 "4.5일제를 해도 잘되는구나. 주 5일제만이 답은 아니구나" 그러겠죠.

앞으로 다른 후발주자들, 후배 기업들이 생겨날 텐데 영감을 주거나 자극을 주고 싶어요. 회의 형식을 바꾸거나 잡담하면서 일하는 거나, 아이들 생일에 일찍 들어가게 하거나 사실 모두 기업문화를 바꿔보자는 저희들의 시도이자 목표죠.

우아한 버킷리스트는 워낙 유명하죠. 처음 만들게 된 계기가 뭐예요?

회사에서는 비전이라는 게 반드시 있어야 되는데, 대부분의 비전은 어찌 보면 너무 거창해요. 제 직장생활을 돌이켜볼 때 다니던 회사에 비전이 있긴 했지만, 크게 와 닿지는 않았어요. 동의하지 않아서가 아니라 너무 큰 비전이어서죠. 그러면 조직 구성원들은 그 비전에 맞추기 위해 일한다고 생각하게 돼요. 자신이 조직을 위해 희생

했다고 느끼죠. 그래서 저는 구성원들이 원하는 것을 알고 싶었어요. 당신들이 만들고 싶은 회사는 뭐냐고 물어본 거죠.

굉장히 사소한 것들이에요. '한적한 곳에 회사가 있었으면 좋겠다', '사원증이 있었으면 좋겠다' 같은 것들이요. 하지만 그런 사소한 걸 하나씩 이뤄나가면서 직원들의 적극적인 참여를 이끌어낼 수 있잖아요. 자기가 희생하면서 회사 다닌다고 느끼는 것과 내가 말한 것이 조금씩 이루어지는 것을 실감하는 건 완전히 다른 얘기예요. 개인적으로 작은 꿈들을 성공시키는 경험을 해봐야 계속해서 더 큰 꿈도 이룰 수 있다고 믿어요.

롯데월드 근처로 온 것도 직원들의 버킷리스트 때문인가요?

'한적한 곳에 위치한 회사'라는 구성원들의 바람을 이루기 위해 사무실을 이전할 때 공원 근처에 있는 곳들만 알아보러 다녔어요. 그 결과 지금의 회사로 오게 됐죠. 잠실 롯데월드가 바로 내려다 보이는 석촌호수 옆이에요.

사실 한적한 위치에 사무실이 있으면 불편한 점도 많아요. 출퇴근도 불편하고, 밥 먹으러 갈 곳도 적고, 병원이나 편의시설도 주변에 많지 않아요. 그래서 점심시간을 한 시간 반으로 늘렸어요. 물론 퇴근시간도 그만큼 늦어졌지만요. 전반적으로 마음에 여유가 생기니까 점심식사 후에 공원을 산책하는 직원들도 생기고, 저녁에 공원에서 조깅을 하고 퇴근하는 친구들도 있어요. 무엇보다 회사 창밖의 풍경이 예술이에요.

woowahan
BUCKET LIST

죽기전이 아닌 2014년 12월 31일까지 이런 회사 만들어요~

☐ 금발의미녀 외국인들과 함께 일하고 싶어요

☐ 먹는 걱정 안하는 회사 음료수 과자 무한 제공

☐ 의사소통시 궁금하지 않도록 배려해 주세요

☐ 자율출근과 야근이 없으면 좋겠습니다.

☐ 바람을 쐴 수 있는 테라스가 있었으면 해요

☐ 회사 내부에 작은 셀프 카페를 만든다면 좋을 것 같습니다.

☐ NHN못지 않은 건강 복리 후생제도가 있으면 좋겠습니다.

☐ 경쟁사나 포탈에서 부러워서 미치겠으면 좋겠네요.

☐ TV드라마에 PPL로 자주 나왔으면 해요

☐ 주차장이 넓어 누구나 차를 가지고 다닐 수 있는 회사

☐ 유명인사를 초청해서 강연을 들을 수 있다면 좋을 것 같습니다.

☐ 워크샵을 (가까운)해외로 가는 회사.

☐ 반바지 미니스커트 입고 출근할 수 있는 회사

☐ 회사 곳곳에 책이 널부러져 있는 회사

☐ 개인 공간과 회의 공간이 충분했으면 좋겠어요.

☐ 결혼시켜주는 회사 중매업체 가입

☐ 공부하고 싶은 직원들에게 교육비를 (일부)지원해 주는 회사.

☐ 직원들이 대표님이나 임원들과 언제나 편하게 지내는 회사

☐ 친목동아리가 많아서 사람들과 더 많이 친해지면 좋겠습니다.

☐ 3년 후에 우리회사가 상장했으면 좋겠어요

☐ 가족들이 자랑스러워하는 회사

☐ 돈 많이 버는 회사

기타

☐ 한적한 곳에 위치한 회사   ☐ 라면을 마음껏 먹을 수 있는 회사   ☐ 사원증을 목에 걸고 다닐 수 있는 회사
☐ 청소해 주는 분이 있었으면 해요   ☐ 편한의자   ☐ 관료주의에 얽매이지 않는 회사
☐ 각자 필요한 역량이 항상될 수 있는 제도가 있는 회사   ☐ 한달에 한번이상 시켜먹는 회사   ☐ 벌레가 없고, 공기가 신선한 회사

WOOWA BROS.

창업자와 직원의 비전은 다를 수 있다

대부분의 경우, 창업자의 철학과 미래에 대한 비전을 강요하기 십상이다. 직원들이 자신의 작은 꿈도
이루어진다는 것을 체험하면, 큰 꿈도 함께 이룰 수 있다고 생각하게 되지 않을까?
버킷리스트는 직원들의 꿈을 모아놓은 포스터다. 대부분 이루어져가고 있다.

책을 전 직원들에게, 그것도 무제한으로 사주는 걸로 아는데요.

네, 배민의 대표적인 복지정책 중 하나예요. 말 그대로 책 몇 권을 사든 간섭하지 않아요. 그냥 전 구성원이 책을 많이 사도록 장려해요.

예전 다니던 직장에서도 일정 금액의 도서비를 지원받았는데요. 당시에는 다른 문화생활에 그 돈을 쓸 수 있어서 정작 책을 많이 보지는 않게 되더라고요. 그래서 책만 사게 합니다.

대표님은 책을 많이 좋아하시는 것 같은데, 직원들도 그렇게 책을 좋아하나요?

제가 어떤 것보다 자부할 수 있는 게 있는데요, 저희 회사 구성원들이 다른 어떤 회사 직원들과 비교해도 책을 많이 읽는다고 생각해요. 스펙이나 학벌은 몰라도 독서량은 빠지지 않는다고 생각합니다.

제가 자문하는 회사 중에도 한 달에 한 번씩 책을 읽는 곳이 있어요. 제가 책을 읽고 모임을 주재하거든요. 그런데 사장님이 참석해서 앉아 계신데도 대충 읽어오는 직원들이 많아요. 하물며 안 보이는 곳에서 책을 그렇게 많이 읽을까요?

임원들도 저도 그렇지만, 책 읽는 모습을 계속 보여주는 게 중요한 것 같아요. 그런데 책을 읽는 수준은 개인에 따라 다른 것 같아요. 수준이 높다 낮다의 문제가 아니라 각자 읽어야 하는, 읽고 싶은 책이 다른 거예요.

일반적으로 회사에서는 상향평준화된 책들을 권하니 관심이 떨어지죠. 책은 여러 가지 방법으로 읽을 수 있잖아요. 심지어 일반 철학책이 어려우면 만화로 된 철학책을 읽어도 돼요. 제 경우에는 중고등학생들이 보는 철학코너에서 책을 골라 읽기도 해요. 자기 수준에 맞는 책을 읽으면서 한 단계 한 단계씩 성장하는 게 중요하다고 봐요.

회사가 어떤 책 한 권으로 지식이나 인사이트 얻는 걸 노리기보다는, 회사가 건강해지려면 집단적 의식수준이 높아져야 한다고 생각해요. 그래야 커뮤니케이션도 잘되잖아요. 책을 통해서 회사 구성원들의 전체적인 수준을 높이는 작업을 계속하고 있습니다.

무제한 구매하게 하는데, 책을 공유하는 게 아니라 굳이 개인적으로 소유하게 하는 이유가 있나요?

개인 소유가 가장 좋다고 생각해요. 책을 많이 볼 수 있는 지름길은 일단 책을 많이 사는 거예요. 많이 사다 보면 많이 보게 되겠죠. 그래서 책값은 무제한으로 지급해요. 서점에 가서 책을 한두 권만 고르게 하면 베스트셀러 1, 2위만 사잖아요. 개인적으로 갖게 하니까 이것저것 다양하게 사죠.

무슨 책을 사는지 전혀 관여는 안 해요?

전혀 간섭하지 않아요. 하지만, 성인잡지나 만화책 시리즈 같은 것들은 알아서 피하죠. 누가 검사는 안 해도 구입한 영수증에 어떤 책을 샀는지 찍혀 있긴 하니까요. 그런데 대부분 본인들이 스스로 통제해요. 그리고 책이라는 게 누가 읽으라고 강권하면 읽기 싫어지고, 그냥 친구가 재미있게 읽었다고 이야기하면 읽어보고 싶어져요. 그래서 일부러 회사 차원에서의 도서 추천도 하지 않아요.

사원증을 만들어달라는 소원도 있었다죠?

네, 사원증을 만들어달라고 한 친구는 여직원이었어요. 별것 아닐 수도 있지만 어떤 사람들에게는 사원증이 굉장히 중요한 것일 수도 있거든요. 그 친구가 그리던 회사생활은 이런 거예요. 친한 회사 언니와 점심시간에 팔짱끼고 한 손에 커피를 들고 있는 드라마의 한 장면 같은 거요. 그런 사람들의 목에는 항상 사원증이 걸려 있잖아요.

사원증을 처음 만들었을 때가 구성원 20명을 넘겼을 때였어요. 딱히 회사에 사원증이 필요하다고 느끼지 못했지만 사원증을 만들었죠. 대신 회사만의 독특한 문화를 담고 싶어서 각자의 개성을 표현할 수 있도록 했어요. 각자 프로필 사진을 촬영해 원하는 이미지와 합성해 디자인을 해줬죠. 건담부터 독수리 5형제에 이르기까지 다양한 합성 이미지가 등장하고, 뒷면에는 가족사진이나 연인, 또는 본인이 원하는 사람의 사진을 넣어줬어요. 책상에 사랑하는 가족사진을 올려놓듯이 말이죠. 인쇄비 몇 천 원으로 구성원들은 물론 구성원들 가족까지 만족시킨 거예요. 개개인의 좋은 바람이 회사를 점점 더 좋은 회사로 만들어간다고 생각해요.

남다른 사원증

목에 사원증을 걸고 다니는 게 로망인 젊은이도 많다. 배민은 사원증 앞면에 본인 사진과 원하는 이미지를,
뒷면에 본인에게 가장 소중한 사람의 사진을 넣도록 배려했다. 사원증 하나도 예사롭지 않다.
자긍심과 정체성과 책임감을 모두 담았다.

그 밖에 어떤 소원들이 있었죠?

가령 '금발의 외국인 미녀와 일하고 싶다'는 소원이 있었는데, 여기서 금발의 외국인 미녀는 진짜 미녀가 아니라 글로벌 인재란 뜻이에요. 구글이나 애플 같은 글로벌 기업에 국내 인재들이 취업하는 것처럼, 해외의 유능한 인재들이 배민에서 일하고 싶어서 한국으로 올 만큼 회사가 성장했으면 좋겠다는 뜻이지요.

사실 생각만 해도 기분 좋은 꿈이지만 단기간에 이루기는 쉽지 않은 꿈이겠죠. 그 친구 마음을 조금이나마 충족시켜주고자 워크숍에 금발의 미녀를 초빙하는 이벤트를 했어요. 대표인 제가 직접 금발 가발을 쓰고 금발의 미녀로 분장했죠.

그 밖에도 '결혼시켜주는 회사(중매업체 가입시켜주기)', '공부하고 싶은 직원들에게 교육비를 (일부) 지원해주는 회사', '유명인사를 초청해서 강연을 들을 수 있는 회사', '해외로 워크숍 가는 회사' 등이 나왔어요. 상당 부분 이미 이루었거나 이루어가는 중이에요.

처음에는 개개인을 위해서 물어본 비전이었는데 그 31개의 구체적인 비전이 저희를 성장시킨 힘이 됐어요. 가령 누군가가 한적한 곳에 회사가 있었으면 좋겠다고 이야기하지 않았다면, 지금 이 회사 건물을 알아보려고 하지 않았을 거예요.

대표님이 만들고 싶은 기업문화란 어떤 걸까요? 단순히 복지가 좋은 회사를 만들고 싶은 건 아니잖아요?

기업문화에서 저희가 행복이라는 단어들을 많이 쓰거든요. 기업이 행복이라는 말을 한다는 게 조금 멋쩍기도 하지만요. 처음 구성원들하고 회사를 만들 때 어떤 회사가 되면 좋을지 물어보니, 대부분 복지가 좋은 회사면 좋겠다고 하는 거예요. 그래서 실제 그 복지가 뭘까 고민해봤어요. 네이버에 검색해보니 복지는 '행복한 삶'이었고, 그 행복이 무엇인지 다시 또 연구해보니 행복은 수만 가지가 있더라고요. 하지만 그중에 저희에게 와 닿은 행복은 두 가지였어요.

하나는 조너선 하이트의 《행복의 가설》이라는 책에 나오는 개념인데요. 그 책에서 말하기를 '행복은 관계에 있다, 인간은 스스로 행복할 수 없다. 나와 일과의 관계, 그리고 나와 다른 사람과의 관계를 건강하게 잘 맺는 데서 행복을 찾을 수 있다'고 해요. 행복하려면 행복한 사람들 사이에 있어야 한다는 거죠. 주변 사람들이 행복하지 않으면 그 사람들을 행복하게 해주면 된다는 거예요. 그러면 내가 행복한 사람들 사이에 둘러싸여서 나도 행복해진다는 거죠. 일단 그 관계라는 게 중요하다고 해서 회사 구성원들끼리 건강한 관계를 맺게 하는 데 집중했어요.

다른 하나는 연세대 서은국 교수님이 쓴 《행복의 기원》이라는 책에 나와요. 그 책에 의하면, 인간도 수십만 년 동안 동물이었기에 동물적인 감각으로 행복을 느낀다는 거예요. 인간이 농경생활을 하면서 본격적으로 문명을 가진 것은 길게 잡아야 몇 천 년, 인간과 침팬지가 진화 과정에서 갈라진 건 대략 600만 년 전이라고 하더라고요. 인류 탄생부터의 시간을 1년으로 압축한다면, 인간이 문명생활을 한 시간은 365일 중 고작 마지막 2시간 정도라는 거예요. 그러니까 사람은 원래 동물이라서 동물이 느끼는 직관적인 작은 행복들이 중요하다는 거죠.

사실 우리가 원하는 행복은 거창한 게 아니거든요. 월급이 몇 백만 원 올라도 몇 개월 후에는 내야 할 카드 값이 또 많고, 좋은 차를 사면 행복할 거라고 생각했는데 몇 달 몰아보면 그 차도 똑같고, 좋은 집을 사고 싶어서 30년 동안 적금을 부어서 샀는데 다음 해에 죽고… 우리 주변에도 그런 일들이 빈번히 생기잖아요. 그 책에서는 큰 행복의 느낌보다 작은 행복을 느끼라고 말해요. 마지막으로 이야기하는 게 사랑하는 사람과 자주 맛있는 음식을 먹으라는 거었어요. 그게 끝이에요. 행복한 사람들은 이런 '시시한' 즐거움을 여러 모양으로 자주 느끼는 사람이라는 거죠.

저는 그 사실에 크게 공감했어요. 그래서 회사 안에서도 소소한 이벤트, 소소한 행복감들을 느끼게 해주려고 노력해요. 가령 생일파티도 옆 사람이 생일 축하해주면 더 행복하잖아요. 회사의 KPI(핵심 성과지표) 달성, 2000만 다운로드 달성, 월매출 몇십 억 달성도 축하할 일이죠. 하지만 우리가 회사생활하면서 밸런타인데이를 재밌게 보낸다거나 초복에 닭을 같이 먹는다거나 하는 작은 행복들이 더 즐겁고 재밌잖아요.

그래서 복지제도를 비용과 보상이라는 측면이 아니라 구성원들 간의 관계를 건강하게 해준다는 측면으로 접근하고 있어요. 그냥 살면서 소소한 것들에 대해 자주자주 축하하고 기뻐하자, 그래서 만든 게 '피플팀'이에요.

피플팀은 몇 명이며, 왜 공식조직으로 만들었어요?

피플팀은 평가나 보상 등을 하는 것이 아니라 구성원들을 케어만 하는 팀이에요. 처음에는 인원이 적어서 구성원들의 속사정을 잘 아는 2명으로 '피플팀'을 꾸렸어요. 그러다가 구성원 수가 점점 늘어나고 구성원들의 속내를 수렴하기 어려워지면서 6~7명으로 늘렸죠. 일단 구성원들과의 커뮤니케이션에 집중해요. 그리고 구성원 한 명 한 명이 소외되지 않고, 함께 나누고 즐길 일이 있으면 모든 구성원들에게 꼭 미리 알리는 것도 그들의 역할이에요. 돈을 많이 들인 화려한 복지보다 중요한 것은 구성원들끼리 올바르고 건강한 관계를 쌓는 것이라고 생각해서죠.

사실 창업을 하면 창업자와 회사는 하나가 될 수밖에 없어요. 구성원들이 조직에 소속감을 갖게 하고 자기가 중요한 일을 하고 있다고 느끼게 해야 되죠. 그런데 이때 구성원들을 관리하려고 들면 안 되더라고요. 진지하게 관심을 가져야죠. 여러 가지 아이디어를 짜내서 우리 조직에 꼭 필요한 사람을 붙들어야 하는 게 리더의 역할인데, 제가 다 할 수 없으니 피플팀을 따로 두게 된 거죠.

피플팀이 구체적으로 어떤 일을 해왔죠?

아주 사소한 것들일 수 있지만 구성원이나 개인, 배우자, 양가 부모님, 자녀들의 생일이나 결혼기념일 등을 챙겨요. 돈을 쓰는 것도 아니에요. 일주일 전에 그냥 생일을 알려줘요. '다음 주에 장모님 생신이십니다'라고요. 그 직원의 부서장한테도 같이 알려줘요. 다음

주에 이분 장모님의 생신이라고. 그러고는 그날이 되면 부서장하고 피플팀이 그 구성원이 오후 4시에 퇴근할 수 있도록 배려해줘요.

개인으로 보면 나름 중요한 날이잖아요. 그런 날에 회사에서 미리 일찍 보내줘서 자기가 장모님에게 무언가 챙겨드렸다는 것만으로도 행복감은 훨씬 올라가겠죠.

인간은 하루하루를 살아가지만 그 하루가 1/365만큼 쪼개져서 동일한 가치를 갖진 않잖아요. 어떤 날은 딸 생일이나 결혼기념일처럼 가치가 큰 날도 있고 평범한 날도 있고요. 아무 일도 없는 날 야근하면 덜 서럽지만 결혼기념일에 야근하면 정말 심각한 거죠.

소소한 일이라고 생각할 수도 있겠지만 챙기는 것도 만만치는 않아요. 계속 이메일 보내고 음력 양력 계산해서 맞는지 틀린지 확인해야 되고 손도 많이 가요. 그런 것들을 피플팀에서 하고 있죠.

그런 소소한 걸 회사에서 챙기기로 한 구체적인 계기가 있었을 것 같은데요?
어느날 피플팀이 돌아다니다가 구성원 중 한 명이 저녁 먹고 와서 되게 우울한 표정으로 일하는 걸 보고 물어봤대요. 무슨 일 있느냐고, 기분 안 좋으면 일찍 들어가면 안 되냐고. 그랬더니 일이 지금 너무 많은데, 사실 오늘이 딸 생일이라고 한 거죠.

그 얘기를 듣고 와서 피플팀에서 어떻게 해결할까 문제를 제기한 거예요. 저희도 야근을 줄이려고 하는데 그게 쉽지 않아요. 하지만 특별한 날에는 그걸 미리 알려줘서 일찍 가게 하자, 그래서 그런 제도가 생긴 거예요. 이름은 '지만가'예요. '지금 만나러 갑니다'라는 뜻인데, 농담 삼아 '지만 집에 가'라고 하기도 해요.

아무래도 스타트업이니까 과중한 업무가 문제될 수도 있겠군요.

그게 꽤 큰 문제예요. 어떻게 해야 할지 저희도 모를 만큼요. 마케팅실의 경우 작년 이맘때까지 너무 바빠서 야근하지 않는 날이 드물 정도였어요. 어떻게 해서든 하루라도 일찍 끝내보자고 해서 '집에 가는 날'을 만들었어요. 칼퇴하는 날을 억지로 정한 거죠.

아예 회사 앞에서 단체사진 찍고 다시 회사로 못 들어가게 한 적도 있어요. 지금은 작년보다는 상황이 나아졌죠. 늦게까지 남아 있는 날도 있고 일찍 가는 날도 있는데 억지로 그런 날을 만들 정도까지는 아니에요.

배민의 대표로서 김봉진의 비전은 뭐에요? 10~20년 뒤에 그리는 개인의 모습이나 회사의 모습이 있어요?

회사에서 만드는 제품이나 서비스가 인간의 삶을 정말 행복하게 만들지는 못한다고 생각해요. 페이스북을 자주 한다고 해서 꼭 행복하지 않잖아요. 처음에는 좋았겠죠, 옛날 친구들하고 얘기도 나눌 수 있고 내 얘기도 할 수 있으니까. 하지만 지금은 스트레스 받잖아요. 글 올리면 내 친구는 '좋아요'를 적어도 70개는 받는다던데, 나도 50개는 받고 싶은데 못 받으면 서운해지지요.

냉정하게 말해, 기업은 자기 제품이나 서비스 자체로는 인간을 정말 행복하게 만들 수는 없다고 봐요. 그래서 좋은 제품을 만드는 것만큼이나, 일하는 과정의 즐거움과 소소한 행복을 느끼는 기업문화를 만드는 게 중요하다고 생각해요.

그래서 '문화'가 중요하다고 반복적으로 말씀드리는 거예요. 배민이 하는 서비스 자체 때문에 다음 세대들이 더 행복해지고 좋아질 거라고 보진 않거든요. 하지만 다음 세대에 도움이 되는 문화를 남길 수는 있다고 생각해요. 저희가 만든 문화 덕분에 세상이 좋아질 수도 있는 거죠. 그래서 그 문화를 잘 만들어가는 게 이 회사에서 제가 가진 꿈이에요.

그 과정에서 얻은 이야기를 나중에 10년 정도 지나서 책으로도 남기고 싶어요. 그게 저의 지극히 개인적인 꿈이에요.

나다운 브랜딩

가히 스타트업 시대다. 기술이 있거나 창의력이 있거나 삶의 열정이 있다면 스타트업에 응당 도전해야 하는 것처럼 여겨질 정도이다. 그에 비해 살아남는 스타트업은 극히 드물다. 왜 그럴까?

기술이나 아이디어가 모자라서, 아니면 자금이 부족해서, 아니면 협업할 적절한 사람을 못 구해서? 아니다. 기실 마케팅에 무심해서인 경우가 태반이다. 남다른 IT 기술이 있든, 요리솜씨가 뛰어나든, 아이디어가 독창적이든 스타트업을 하는 사람들 중에는 자신의 재능이나 창의력을 과신한 나머지, 마케팅을 쓸데없는 낭비나 부가적인 수단으로 간과하는 경우가 많다. 그들에게서 가장 흔히 듣는 말이 "세상 (또는, 대한민국) 어디에도 이런 서비스는 없는데, 왜 사람들이 몰라줄까요?"인 점이 안타깝다.

기술이나 아이디어가 아무리 뛰어나도 마케팅을 제대로 못하면 고객을 끌어들이지 못하고, 인재들의 관심을 끌지 못하며, 투자자를 설득하지 못한다. 이런 관점에서, 배달의민족은 들여다보면 볼수록 스타트업에 참고가 될 점이 정말 많다. 나아가 제대로 된 마케팅이나 브랜딩을 고민하는 대기업들에도 생각할 거리를 충분히 제시하고 있다.

'배달음식'이라 하면 아무래도 시간에 쫓기는 사람들이 급히 때우는 음식이나, 맛을 그다지 따지지 않고 단체로 시켜먹는 음식을 떠올리게 된다. 그런데 미식으로 콧대 높은 프랑스에서도 음식 배달업체인 알로레스토Alloresto나 레스토-인Resto-In이 인기를 끌고 있다니 배달음식이 대세는 대세인가 보다. 이미 영국에서는 딜리버루Deliveroo, 독일에는 딜리버리 히어로Delivery Hero 같은 걸출한 기업이 등장해 시장을 석권했고, 우버조차 음식배달 서비스인 우버이츠UberEATS를 가동하고 있다. 물론 중국도 빠질 리 없어 어러며, 메이퇀 와이마이, 바이두 와이마이의 3개 회사가 장악하고 있다.

세계 각국에서 벌어지는 음식배달업의 경쟁은 우리나라도 예외가 아니어서, O2O 시장의 확대와 맞물려 한바탕 '배달앱 대전'이 치러진 바 있다. 그중 배달의민족이 눈에 띄는 성과를 낸 것은 분명하다. 과연 어떤 점이 배달의민족을 유독 앞서가게 했을까? 마케팅 교수로서 호기심이 생겼다. 그래서 O2O 산업의 대표격인 배달의민족을 뒤져본 것이다. 그들이 5년 남짓의 길지 않은 기간 동안 '배민다움'을 형성할 수 있었던 비결은 무엇일까? 김 대표와 대화를 나누고 배민을 분석해보니 아니나 다를까, 그들의 성장 뒤에는 '나다운 브랜드'를 만드는 마케팅 전략이 정석대로 움직이며 뒷받침하고 있었다.

나음, 다름, 다움

마케팅의 핵심은 '브랜드를 관리하는 일(브랜딩 branding)'이라고 단언한다. 브랜딩의 성패는 그 브랜드 '다움'을 만들었느냐에 달려 있다고 해도 과언이 아니다. '구글다움'이나 '애플다움' 또는 '나이키다움'이라고 할 때, 머릿속에 퍼뜩 떠오르는 무엇이나 빙그레 미소 짓게 만드는 그 무엇이 있지 않은가. 신용카드 중에 만년 하위였던 현대카드가 상위 랭킹에 오르게 된 것은 무엇보다도 '현대카드다움'을 잘 만든 덕이라 본다. 그렇다면 '~다움' 또는 '~스러움'을 어떻게 만들어야 할까?

자기다운 문화

문화(culture)라는 단어는 '땅을 경작하다, 일구다'는 의미의 'cultivate'에서 유래했다. 그러나 이제는 사람의 '마음과 정신을 비옥하게 한다'는 말로 더 널리 쓰이고 있다. 예전에는 '문화' 하면 '가진 사람들의 여유'에서 비롯된 귀족문화를 떠올렸다. 그러나 지금은 '대중이 호응하느냐'가 주요한 판단 기준이 된 소비문화가 중심이 되었다. 어떤 브랜드든 소비자에게 제공하는 제품이나 서비스가 기능적으로 우수한 것을 넘어, '자기다운 문화'로써 소비자에게 다가가지 못하면 인식상의 차별성이나 실제적인 브랜드 충성도를 기대하기 어렵다.

현대카드는 금융공학(Financial Engineering)이란 기법으로, 알게 모르게 소비자의 편의성을 도모해 왔다. 하지만 오직 그것만으로 소비자에게 현대카드다움을 어필할 수 있었을까? 현대카드가 슈퍼 콘서트, 컬처 프로젝트, 각종 라이브러리 등으로 '현대카드다운' 문화를 표방하지 않았다면, 단시간에 가장 핫한 문화선도기업이라는 브랜드 이미지를 형성하며 앞서가는 신용카드가 되지는 못했을 것이다. 비즈니스의 성패와 지속가능성 여부는 그들이 창출하는 문화가 소비자의 삶 속에 얼마나 스며드느냐에 달려 있다 해도 과언이 아니다.

배달의민족은 B급문화를 내세우고 있지만, 정작 김 대표 본인은 배달의민족을 만들기 전까지는 B급문화에 관심이 각별하지 않았다고 한다. 다만 그는 웹디자인 회사에 일하면서 고객이 원하는 스타일을 디자인으로 구현하는 데 능숙했다. 나이키 웹사이트는 나이키스럽게 디자인해주었고, 현대카드는 현대카드스럽게 만들어주었으며, 국민은행은 국민은행답게 만들어주었다. 그러다 보니 배민 브랜드를 구상할 때부터 배민을 배민답게 만드는 일을 잘할 수 있었던 것 같다.

배달의민족 창업을 이야기할 때 빼놓을 수 없는 것이 〈무한도전〉이다. 김 대표는 〈무한도전〉의 노홍철, 박명수 같은 출연자가 가장 핫한 시간대에 공중파에 나오는 걸 보면서, 이른바 'B급'으로 여겨지던 문화를 수면 위로 끌어올려도 대중이 받아들일 준비가 되었다는 걸 직감했다. 그래서 키치나 패러디 등, B급문화를 확실하게 표현할 수 있는 요소들을 꺼내어 배민만의 스타일을 만들어간 것이다.

그의 지론은 이것이다. "훌륭한 디자이너나 마케터라면 기업의 페르소나를 만드는 과정에서 문화를 툴tool처럼 다룰 줄 알아야 한다." 즉 컨셉이 정해지면 그에 맞는 스타일을 만들 수 있어야 한다는 것이다. 예컨대 고급스럽게 나가야 한다면 고급스러운 요소들을 꺼내서 그 분위기를 만들어줘야 하고, 빈티지 스타일이 필요하면 그런 요소들을 꺼내어 만들어줄 수 있어야 한다.

구글에서부터 기네스, 러쉬, 레드불, 파타고니아, 프라이탁, 하바이아나스 등에 이르기까지 사람들의 호감을 사는 브랜드들은 컬트cult라 불릴 만한 개성 있는 문화를 창출해 왔다. 반면 우리나라 대다수의 기업들은 '제품의 품질'을 높이는 데 총력을 기울여 왔다. 하지만 제품 및 서비스의 전반적 품질수준이 높아진 이 시대에는, 소비자의 눈길이 '자기 나름의 문화'를 창출하고 선도하는 브랜드에 더 쏠린다는 점을 유념해야 할 것이다.

'다움'을 형성하는 내부 브랜딩

경쟁사보다 더 빠르거나, 더 싸거나, 더 크거나, 더 좋은 제품을 제공하여 성공한 기업은 언젠가 더욱더 빠르거나, 더욱더 싸거나, 더욱더 크거나, 더욱더 좋은 제품에 뒷덜미를 잡히게 되어 있다. 더 '나은(better)' 제품 만들기 게임에서 영원한 승자란 없다.

늘 더 나은 조건의 제품을 만들도록 노력해야 하지만, 그것으로 승부를 보려는 기업은 하수다. 소비자 인식에 '다름(different)'을 인정하게 하는 차별화를 이루어내야 한다. 차별화 방식을 주제로 다룬 《퍼플카우》, 《디퍼런트》, 《블루오션》, 《제로투원》 등의 책들이 베스트셀러 반열에 오르는 것을 보면, 수많은 기업들이 남다른 차별화에 지대한 관심을 갖고 있음을 알 수 있다. 그런데 여기서 중요한 점은 '다름'을 달성하는 데에서 끝나는 것이 아니라, 소비자 인식상의 다름을 오랫동안 유지하는 것이다.

그러려면 브랜드 고유의 '다움(like)'을 창출할 수 있어야 한다. 소비자가 '나이키다운 행사(Nike-like event)'라든지 '애플스러운 디자인(Apple-like design)'과 같은 말을 하는 단계가 마케팅의 궁극적 목표가 아닐까 싶다.

'다움'을 형성하는 데는 두 가지 브랜딩 요소, 즉 내부 브랜딩(internal branding)과 장기적 브랜딩(long-term branding)이 필요하다. 장기적 브랜딩에 관해서는 졸저 《나음보다 다름》에서 바뀌지 말아야 할 '본질 요소'와 시대 및 소비자의 취향에 따라 변화해야 할 '표면 요소'들에 대해 소상히 설명했다. 요약하자면, '한결같다'는 단순히 '변함이 없다'는 의미가 아니다. 자기만의 컬러를 지키되 트렌드에 맞춰 디테일하게 변해야 한결같다고 말한다. '볼보다움'이나 '구글스러움'이란 말을 들으려면, 브랜드 컨셉을 중심으로 세태에 맞추어 부지런히 변화를 시도해야 한다. 일관된 브랜드 컨셉 하에 부지런히 변화를 추구하는 것이야말로 지속적(sustainable)인 생명력을 갖는 브랜드의 핵심이다.

'다움'을 형성하는 또 다른 중요 요소는 내부 브랜딩이다. 브랜드의 개념이 외부에 드러나 보이는 것 못지않게 브랜드 개념이 내부 구성원들에 스며들어 그들 자신의 문화가 되고 생활이 되어야 한다는 점이다. 배민 브랜드를 배민답게 만드는 것은 결국 내부 구성원들이기 때문이다.

브랜딩에 관한 전략에서 내부 브랜딩은 그간 상대적으로 소홀히 다루어진 점이 없지 않다. 그런데 'Just Do It'을 브랜드 슬로건으로 내세우는 나이키의 직원이 스포츠를 싫어하거나 도전의식이 없다면 속과 겉이 다르다고 여겨지지 않겠는가. 많은 기업이 기업철학이나 사원정신, 브랜드 이념 등을 거창하게 내세우지만, 그들의 행동은 이와 아무 상관없을 때가 많다. 브랜드 내재화란 브랜드가 내세우는 가치가 직원들이 믿는 가치와 일치하여, 실제 그 믿음대로 실천해야 함을 의미한다.

이와 관련해 김 대표의 얘기를 좀 더 들어보자.

"예전에는 매스미디어를 통해 보고 듣는 것으로 이미지를 만들어 냈지만, 지금은 여러 소셜미디어와 다양한 매체를 통해 그 서비스를 만드는 사람들의 스토리와 조직의 분위기가 외부로 노출됩니다. 소비자는 그런 이야기들을 통해 브랜드 이미지를 종합적으로 형성하게 되죠. 그래서 '진정성'이 더욱 중요해지는 것 같습니다.

진정성이 착하고 바른 것만을 의미하는 것은 아니라고 생각해요. 그보다는 술을 좋아하는 사람이 술에 대해 연구하며 술을 만들고, 빵을 좋아하는 사람이 빵을 만드는 일이라고 생각합니다. 하루하루 빵 만드는 게 힘든 사람이 만든 빵과, 어떻게 하면 좀 더 맛있는 빵을 만들어 빵 굽는 냄새가 고객 입가에 미소를 짓게 할까 연구하며 만드는 사람의 빵은 전혀 다르겠죠.

내부 브랜딩은 빵을 만드는 사람들이 빵을 진정 좋아하고, 빵 만드는 행위를 노동이 아니라 숭고한 활동으로 여길 수 있도록 소명의식과 비전을 만들어주는 일이라고 생각합니다. 자신의 일이 세상에 어떤 이로움을 주는지에 대한 비전을 함께 느낄 수 있도록 해주는 것입니다. 결국 이런 에너지로 한 단계 더 좋은 제품을 만들게 되는 것이죠."

내부 브랜딩은 그냥 놔두어도 저절로 형성되는 것이 아니라 부단히 노력해야 얻어지는 것이다.

《전략적 브랜드 관리》라는 책의 저자로 유명한 장 노엘 캐퍼러Jean Noel Kepferer 교수는 컨설팅으로도 인기가 높다. 직원 교육에 큰 가치를 두는 아모레퍼시픽에서는 캐퍼러 교수에게 잠깐의 강연이 아니라 제대로 된 교육을 부탁했다. 캐퍼러 교수는 시간당 강연비가 매우 높기로 유명한데, 아모레퍼시픽은 무려 하루 종일 진행되는 교육을 의뢰했다. 거금을 들인 만큼 한 명이라도 더 많이 듣게 하고 싶었으나 캐퍼러 교수는 30명만 선발해 달라고 주문했다.

어렵사리 뽑힌 30명은 큰 기대를 품고 두꺼운 노트를 준비해 강의장에 모였다. 캐퍼러 교수는 인사를 하더니 "아모레퍼시픽은 무엇을 추구하는 회사입니까?"라고 물었다. 직원들은 한 치의 망설임도 없이 늘 머릿속에 새겨두었던 'ABC'라고 합창했다. Asian Beauty Creator라는 말이다. 그랬더니 교수는 "이 컨셉을 완성하기 위해 당신은 무엇을 하십니까?"라는 질문을 30명 참석자 한 명 한 명에게 물어보고 토의하고, 그다음 사람에게 물어보고 토의하며 첫 시간을 보냈다.

그다음 시간에는 "Asian Beauty Creator라면, 고객이 아시아 최고의 아름다움을 창출하도록, 당신 부서에서는 어떻게 돕고 계십니까?"
라며 또 한 명, 한 명 물었다. 이런 식으로 "하루 종일 가르치진 않고,
짜증나도록 물어보기만 했다"는 것이다.

캐퍼러 교수는 어떤 교육을 하고 싶었던 것일까? 어떤 컨셉을 말로
설명하는 것은 큰 의미가 없다고 보고, 그 대신 직원들이 컨셉에 대해
깊이 고민하고 곱씹어보게 함으로써 진지하게 체화하도록 훈련시킨
것이다. 선발된 소수의 직원들이 씨앗이 되어 아모레퍼시픽이 실제로
Asian Beauty Creator로 거듭난 것이 아닌가 하는 생각이 든다.

앱솔루트 보드카는 의료잡지나 우주공학 잡지나 건축 관련 잡지처
럼 성격이 판이하게 다른 잡지를 한 달에 하나씩만 골라, 개성 넘치는
광고를 하는 것으로 유명하다. 우표수집하듯 이 광고만 수집하는 사
람들도 많아 화제가 끊이지 않는다. 배민도 다양한 잡지마다 그에 걸
맞은 키치 광고를 매달 하나씩, 3년 넘게 지속하고 있다. 광고는 외부
고객에게 보내는 메시지이기도 하지만, 내부 구성원이 브랜드 컨셉을
내재화하는 훈련도구로서의 역할도 크기 때문이다.

그뿐 아니라 옥외 광고나 배민신춘문예, 배짱이 팬클럽과의 교류
등 다양한 행사를 진행하는 것도 직원에게 '배민'이라는 브랜드의 의
미를 체화시키는 내재화의 한 방편이다. 구성원들이 브랜드에 대한 일
관된 그림(one consistent picture)을 공유하며 일관된 메시지를 구사
하는 기업의 시너지 효과는 그렇지 않은 기업과 비교해 하늘과 땅 차
이인 것은 자명하다.

세상의 사업에는 브랜드를 가지고 하는 사업이 있지만, 브랜드 없이 하는 사업도 많다. 예컨대 노브랜드(no brand)나 OEM 같은 사업이다. 이런 1단계 브랜딩에 머문 경우, 브랜드가 갖는 무형자산의 값은 받지 못한다.

2단계는 브랜드 컨셉 형성의 단계라 볼 수 있다. 브랜드가 있는 사업 중에는 무엇이라도 컨셉을 표방하는 사업이 있는가 하면, 뚜렷한 개념 없이 브랜드를 '구별'의 도구로만 쓰는 사업도 많다. '차별화'된 그 무엇이 없는 이름일 뿐이다.

3단계로 넘어가 차별화된 컨셉을 표방하는 브랜드의 경우에도 그 컨셉을 광고·홍보용으로나 쓰는 데 그치는 기업이 태반이다. 하지만 그 컨셉이 구성원들의 머리와 가슴에 체화되고 기업에 내재화되어 있어야 제대로 힘을 받는다. 예컨대 나이키가 'Just Do It'이라고 주창하면서, 구호로 그치는 것이 아니라 나이키 매장의 모습이나 직원들에게서 그러한 '도전정신'이 스며 나오는 걸 소비자가 느끼기에 힘을 받는다. 애플의 'Think Different'도 마찬가지다. 신상품 프리젠테이션에나 지니어스 바$^{Genius Bar}$의 애프터서비스 직원들에게서도 "역시 뭔가 달라" 하며 '창의성'을 느끼게 되기에 브랜드 가치를 인정하고 웃돈을 지불한다.

우리나라 대부분의 기업이 아직은 이 단계에 이르지 못한 것 같다. 심지어 슬로건이 툭하면 바뀌어 직원들조차 제대로 기억하지 못하는 경우도 드물지 않게 본다. 또 일부 기업은 고객 대상의 마케팅 슬로건과 별 관련 없이 경영이념, 사업비전, 사원정신 등을 현란하게 나열하지만, 구성원들에게 체화되지 못한 경우가 비일비재하다. 외부 고객용 슬로건과 내부 구성원용 경영 컨셉을 별개로 하는 것도 이해하지 못할 일이다.

브랜딩은 광고홍보용이 아니라 사업 그 자체다. 말하자면 비즈니스는 결국 브랜드 관리의 과정인 것이다. 브랜드의 정신(spirit)이 구심점

브랜딩의 4단계

이 되어 전직원이 그 정신을 공유할 때, 행동이나 의사결정이나 기업 곳곳에 스며들어 기업문화로 자리 잡는다.

그 기업문화가 기업이 만드는 제품이나 서비스에 녹아 나오면, 세상을 리드하는 진정한 하나의 문화로 자리매김하게 된다. 브랜딩의 마지막 단계에서는 브랜드 컨셉을 마케팅 슬로건 삼아 비싼 광고를 통해 강요하는 것이 아니라, 고객들이 스스로 그 문화에 참여하고 젖어들게 하는 것이다.

이러한 일련의 과정을 '브랜딩(branding)'이라 칭한다면, 배달의민족은 바로 이 브랜딩을 잘해나가고 있는 기업이다. 앞의 도표에 브랜드 관리 과정을 4단계로 구분해 놓았다. 귀사는 지금 어느 단계인지 자문해볼 일이다.

창의력과 규율의 역설

옥외광고이든 배달 오토바이든, '배민' 하면 자유분방한 그 무엇이 느껴진다. 회사 건물에 들어가면 구글 사무실을 연상시키는 열린 공간의 편안한 분위기가 더욱 매력적으로 다가온다. 간섭보다는 소통이, 고리타분함보다는 아무렇게나 입고, 말하고, 행동해도 될 것 같은 자유로움이 듬뿍 느껴진다. 그러나 뜻밖에도 배민의 규율은 다른 회사보다 결코 허술하지 않다. 아니, 오히려 몇 가지 기본 규칙은 매우 엄격하다.

배민 사무실에 가려면 롯데백화점 앞의 잠실역 사거리를 지나가야 한다. 그곳은 상습 정체지역인 데다 요즘은 한창 공사 중이어서 더 막힌다. 교통지옥인 서울에서 약간의 지각은 양해가 될 수도 있겠지만, 배민에 갈 때는 1분만 늦을 것 같아도 식은땀이 난다. 회의실 입구에 쓰인 '9시 1분은 9시가 아니다'라는 문구가 자꾸 떠오르기 때문이다.

창의력은 규율과 훈련(discipline)에서 나오지 결코 느긋하고 안락한 분위기에서 나오지 않는다. 그렇다고 배민이 규율을 위해 구성원들을 구속하거나 얽매는 것은 결코 아니다. 이 회사의 모든 룰은 구성원이 자율적으로 만들되, 일단 만든 룰은 철저하게 따르도록 한다. 그러한 원칙 안에서 배민의 모든 활동이 이루어진다. 키치니 패러디니 하는 B급문화도 나름의 규칙과 틀을 벗어나지 않는 범위에서 온전하게 만들어지고 있다.

창의력과 혁신은 반복되는 숙련도와 성실성을 전제로 할 때 나오므로, 창의성에 의존하는 기업일수록 규율은 오히려 더 중요하다. 《업무의 기술(The Art of Work)》의 저자인 제프 고인스Jeff Goins는 '창의력과 규율의 역설(paradox of creativity and discipline)'을 설명하면서 예술가에게 규율은 무서운 적이자 좋은 친구이듯이, 창의적인 일을 도모하는 데 확고한 규율은 필수요건이라고 강조한다. 배민의 구성원들이 자율적으로 만든 '송파구에서 일 잘하는 방법'이란 룰은 놀랄 만큼 철저하게 시행되고 있고, 이 회사의 중심 뼈대가 되어 있다.

　　김 대표가 배민의 CEO가 되었을 때 구성원들의 입장과 마음을 담아 버킷리스트를 만든 것은 그들 개인의 꿈을 이루도록 격려하는 데 그친 일이 아니다. 직원 개인의 소박한 꿈과 회사의 비전을 연결하고, 이 꿈을 우리가 함께 이루어갈 수 있다는 동기부여를 통해 더 힘차게 앞으로 뻗어나갈 힘을 얻게 하려는 것이다. 직원 개인과 아무 상관이 없는 회사의 비전은 허공에 대고 외치는 메아리에 불과하다.

　　준오헤어의 강윤선 대표는 '헤어스타일리스트도 억대 연봉을 받을 수 있다'는 꿈을 가능하게 했다. 준오헤어에서는 연봉 1억 원이 넘는 헤어스타일리스트가 200명 이상이다. 새내기들조차 '나도 그렇게 될 수 있다'는 희망을 자연스럽게 품게 된다. 연봉을 많이 받는 것이 좋은 비전이라는 얘기가 아니라, 개인의 꿈을 이룰 수 있다는 희망이 있어야 회사의 비전도 달성 가능해진다는 점을 말하려는 것이다. 기업의 비전이 아무리 무지갯빛인들 무슨 소용이 있는가. 그 비전이 조직원 개개인의 꿈과 희망을 달성시킬 수 있다는 가시감을 느낄 때 비로소 힘을 발휘하는 법이다.

후회하지 않을 결정

마크 저커버그의 페이스북 창업 얘기를 다룬 책의 제목은 《우연한 억만장자(*The Accidental Billionaire*)》이다. 제목이 넌지시 암시하는 것처럼, 저커버그는 처음부터 사업을 염두에 두고 웹사이트를 만든 게 아니다. 그저 클럽 친구들의 관심을 끌려고 재미로 시작하여 세계를 장악하는 회사가 되었다. 이처럼 요즘 젊은 창업자들 중에는 원대한 사업 목표라기보다 자신이 즐기는 일을 잘함으로써 성공한 경우를 많이 본다.

우연히 유튜브에서 제프 베조스의 인터뷰 영상을 봤는데, 그 내용을 옮기며 이 책을 마무리하련다.

"헤지펀드 매니저로서 잘나가고 있던 저는 어느 날 보스를 찾아가 말했습니다. '제가 정신 나간 짓을 하려고 합니다. 온라인으로 책을 파는 회사를 창업하려고요.' 보스는 제 얘기를 자세히 듣더니, 아이디어가 나쁘지는 않으나 현재의 좋은 직장을 그만두는 것은 아깝지 않느냐며 심사숙고할 48시간을 주었습니다.

집에 돌아와 아내에게도 미친 계획에 대해 얘기했습니다. 아내는 제가 하고 싶은 일이면 무엇이든 100% 지지할 것이라고 말하더군요. 그래서 결정은 오로지 제 몫으로 떨어졌죠. 결정은 어려웠습니다. 이때 제가 발견한 생각의 방식은 '후회 최소화 프레임워크(regret minimization framework)'였습니다.

저는 80세가 되어 인생을 돌아보는 제 모습을 상상해보았습니다. 그리고 단언컨대, 앞으로 대박을 터트릴 것이라고 생각한 이 '인터넷 사업'에 뛰어든 것을 후회할 리 없다고 결론지었습니다. 설령 제가 실패했다 하더라도, 저는 후회하지 않았을 겁니다. 오히려 제가 시도조차 안 한다면, 그것을 후회할지 모릅니다. 그렇게 되면 저는 죽는 날까지 매일매일 미치도록 괴로워할 겁니다.

그래서 유망하게 잘나가던 저는 다음 날 안정적인 직장에 사표를 제출했습니다. 연말까지만 참아도 엄청난 보너스를 챙길 수 있었을 텐데 말이죠."

오늘날의 제프 베조스를 보면, 마치 아마존을 창업해 성공하기 위해 태어난 사람 같다. 아마존은 위험을 감수하며 자기다운 꿈을 추구해온 결과 그 자체다. 그러나 많은 사람들은 눈앞의 현실 때문에 흔들리다 기회를 잃곤 한다. 물론 현실을 무시하고 좋아하는 것을 좇다가 더 못한 상황에 처할 수도 있다. 하지만 인생의 장기적인 그림을 그리면서, 나중에 '후회하지 않을' 인생의 좋은 결정(good life decision)이 무엇일까… 한 번은 곰곰이 생각해 보시기 바란다.

배민다움

: 배달의민족 브랜딩 이야기

ⓒ 홍성태

1쇄 발행	2016년 11월 11일
23쇄 발행	2023년 8월 8일
지은이	홍성태
펴낸이	김은경
펴낸곳	(주)북스톤
주소	서울시 성동구 성수이로7길 30 빌딩8, 2층
대표전화	02-6463-7000
팩스	02-6499-1706
이메일	info@book-stone.co.kr
출판등록	2015년 1월 2일 제 2018-000078호
ISBN	979-11-87289-08-1 03320